내일도
돌고래를 볼 수
있을까?

내일도 돌고래를 볼 수 있을까?

김기범 지음

|주|자음과모음

차례

들어가는 글

동등한 지구의 주민, 인간과 동물

영국의 동물 행동학자이자 환경 운동가인 제인 구달Dame Jane Morris Goodall은 스물여섯 살이던 1960년, 아프리카 탄자니아의 밀림에서 인류 최초로 침팬지가 도구를 사용하는 모습을 목격했습니다. '도구를 사용하는 유일한 동물은 인간'이라는 기존의 통념이 완전히 깨지는 순간이었어요.

이후에도 여러 과학자는 인간뿐 아니라 다양한 동물이 고통을 느끼며 고유의 언어를 통해 소통한다는 사실을 밝혀냈습니다. 그렇지만 구달이 열대 우림에서 목격한 장면이야말로 인간과 동물의 관계에 대해 많은 이에게 가장 큰 영감을 준 과학적 사실이라고 할

6

수 있죠.

구달의 발견은 동물을 어떻게 바라보아야 할지에 대한 시각 자체를 바꿔 놓았기 때문이에요. 수많은 과학자와 동물 보호 단체의 활동가에게 인간 외의 다른 동물들에게도 다양한 가능성이 존재할 수 있다는 상상력을 부여한 것이지요.

동물에게도 지능과 고통, 감정이 있다는 사실을 깨닫기 전까지 우리 인류는 동물을 이용 대상으로만 여겼습니다. 고기나 가죽, 노동력 등을 얻으면 될 뿐 동물과 교감을 한다거나 그 자체로 존중받아야 할 존재라고는 전혀 생각지 못한 거예요. 함께 지구 생태계를 이루고 있는 구성원이라고 여기지 않은 것입니다.

유명한 철학자인 데카르트Rene Descartes는 '동물 기계론'을 주장하면서 동물을 아예 고통조차 느끼지 못하는 존재이자 움직이는 기계로 여겼습니다. 인간의 동물에 대한 착취를 정당화하는 논리를 제공한 셈입니다.

이 같은 인간 중심적 사고방식은 서구 사회에서 오랫동안 동물에 대한 인식을 낮은 수준에 머물도록 만드는 데 지대한 영향을 끼쳤습니다. 인간의 당연한 권리인 인권조차 제대로 정립되어 있지 않았던 시절에 이러한 생각은 어쩌면 당연했을 수도 있어요. 하지만 그만큼 오랜 세월 동안 인류가 동물의 고통에 대해 무관심했거나 모른 척했던 것은 부인하기 어렵습니다.

구달의 발견과 그 이후 많은 과학자의 연구 결과 덕분에 현재 인류의 동물에 대한 시각은 크게 달라졌습니다. 특히 과학자들은 점점 더 많은 동물이 고통을 느낀다는 것을 밝혀내고 있어요.

산 채로 회 떠지는 어류나 역시 산 채로 뜨거운 물에 삶아지는 산낙지, 게 같은 동물들에 대해서도 과거에는 고통을 느끼지 못한다고 생각했지만, 현대 과학은 그런 생각이 틀렸다는 것을 명확히 밝혀냈습니다.

예를 들어 2003년 영국 과학자들은 송어의 얼굴에 산성 용액이나 독을 주사했을 때 입을 바닥이나 어학 벽에 문지르는 행동을 반복한다는 것을 알아차렸습니다. 평소보다 훨씬 심하게 몸을 흔들거나 비틀거리기도 했어요. 고통스러운 움직임이 나타난 것을 최초로 확인한 것입니다. 문어, 오징어 등 두족류와 가재 등 갑각류가 고통을 느낀다는 연구 결과도 존재하고요.

우리 인류가 고등 동물이라고 여기는 포유류나 파충류, 조류뿐 아니라 어류도 고통을 느낀다는 것은 학계의 정설이 된 지 오래입니다. 고등 동물이란 흔히 척추가 있는 동물을 부르는 말이에요.

최근 전 세계적으로 채식주의자의 수가 점점 늘어나고 있는 것 역시 동물의 고통에 대한 관심이 커졌기 때문일 수 있어요. 육식을 거부하고, 채식을 실천하는 이들의 다양한 스펙트럼 중에서도 가장 완전한 채식을 하는 이들을 '비건vegan'이라고 부르는데, 이들은 단지 동물을 먹는 것만을 거부할 뿐 아니라 동물을 이용, 착취하는 것마저도 피하려 합니다. 직접적으로 동물의 고기나 우유와 같은 젖, 달걀과 같은 알 등을 섭취하거나 동물의 가죽을 사용한 의류, 가방, 신발 등을 사용하지 않는 것뿐만 아니라 동물의 노동력을 착취해 만든 물건도 거부하는 것이 비건이에요.

예를 들어 비건은 꿀벌이 애써 모은 꿀을 인간이 마음대로 이용해서는 안 된다는 취지에서 꿀조차 먹지 않으려 하지요. 비건 중에는 식물의 생명을 빼앗는 행위조차 거부하면서 열매만을 먹겠다는, 매우 엄격한 의미의 채식주의를 지키려 하는 프루테리언Fruitarian이라 불리는 이들도 있습니다.

이 외에도 채식에는 페스코 베저테리언Pesco-Vegetarian, 생선 등 해산물까지는 허용, 락토 베저테리언Lacto-Vegetarian, 유제품은 허용, 오보 베저테리언Ovo-Vegetarian, 달걀은 허용, 락토-오보 베저테리언Lacto-Ovo Vegetarian, 유제품과 달걀을 허용 등의 유형이 있어요. 채식주의자이지만 때로는 육류를 먹기도 하는 이들은 플렉시테리언Flexitarian이라 부르는데 '유연한 채식주의자'라는 의미에요.

채식주의의 가장 근본적 이념은 인간만이 존엄한 존재인 것이 아니며, 인간은 자신의 이익을 위해 마음대로 동물을 이용해서는 안 된다는 것입니다.

예를 들어 한반도에서도 오랜 시간 농사에 동원되고 있는 소나 전 지구적으로 전쟁에 이용됐던 말, 수족관에서 쇼에 동원되는 돌고래에게 "앞으로도 인간에게 계속 노동력을 제공하고 싶나요?"라고 질문한다면 뭐라고 대답할까요? 이 질문에 소, 말, 돌고래가 "그렇다"라고 대답할 것이라고 생각하는 이는 없겠죠? 이 동물들은 때로는 폭력에 의한 강요로 인해, 때로는 먹이를 얻기 위해 인간의 요구대로 노동력을 제공하고 있을 뿐이니까요.

그렇기에 많은 학자는 동물의 의사에 반해 '인간이 동물을 이용하는 것은 도덕적으로 옳은 일인가'라는 질문을 계속해서 던져 왔습니다. 미국의 철학자 톰 리건Tom Regan은 1983년에 쓴 책『동물의 권리The Case for Animal Rights』에서 모든 생명체는 생존과 번영을 추구할 고유의 권리가 있으며, 동물의 의사에 반해 그들의 권리를 침해하는 것은 금지되어야 한다고 주장했어요.

게리 프랜시온Gary L. Francione이라는 미국의 법학자는 한발 더 나아가 동물에게도 인간처럼 법적인 권리를 부여해야 한다고 주장했습니다. 동물을 자원으로 취급하는 제도, 즉 식용, 착취, 실험 등은 모두 있어서는 안 되는 일이라는 이론을 발표했죠. 캐나다의 철학자인 수 도널드슨Sue Donaldson과 윌 킴리카Will Kymlicka도 공저인『주폴리스: 동물 권리를 위한 정치 이론』에서 동물에게 정치적·법적 권리를 보장해야 한다고 주장했습니다.

　미국의 철학자이자 수의학자인 버나드 롤린Bernard E. Rollin은 인간이 동물을 이용해 과학 실험을 할 때 '3R 원칙'을 따라야 한다고 강조하기도 했어요. 3R 원칙은 대체Replacement, 감축Reduction, 개선Refinement을 말합니다. 여기서 '대체'란 가능한 한 동물을 사용하지 않는 방법으로 실험 방법을 대체해야 한다는 것입니다. '감축'은 사용되는 동물의 수를 최소로 줄여야 한다는 것이고, '개선'이란 동물이 느끼는 고통을 줄이는 방향으로 실험 방법을 개선해야 한다는 내용입니다.

　이처럼 다양한 이론이 있지만 바뀌지 않는 사실은 인류가 수백만 년 전 지구상에 처음 등장한 이후부터 현재에 이르기까지 동물에게 큰 빚을 져 왔다는 것이에요. 비록 동물은 자신의 목숨을 잃어가면서까지 인류에게 고기와 가죽, 노동력을 제공하기를 원치 않았겠지만 말입니다.

　그런데 인류의 수가 늘어나고 문명이 발전할수록 동물의 설 자리는 점점 더 줄어들고, 목숨을 위협 받고 있습니다. 이 문제는 동물에 대한 인식이 바뀌고, 비건을 포함한 채식주의자가 늘어나는 것과 상관없이 일어납니다.

　기후 변화로 인한 기상 재난이 점점 더 많이 발생하면서 사람들이 기후 변화에 대해 알게 되었고, 이러한 상황을 더욱 심각하게 여기는 이들이 사용하는 용어인 '기후 위기'도 사회적으로 널리 쓰이고 있습니다.

하지만 기후 위기의 영향과 인류가 저지르고 있는 전 지구적 환경 파괴로 인해 벌어지는 생물 다양성 붕괴가 더욱 파국적인 결과를 불러올 수 있다는 점을 알고, 이에 대해 고민하는 이들은 많지 않은 것이 현실이기도 합니다.

기후 위기와 생물 다양성 붕괴, 환경 파괴를 묶어서 '삼중행성위기The triple planetary crisis'라고 합니다. 유엔UN, United Nations은 몇 년 전부터 이로 인한 인류의 지속 가능성에 대한 위협이 점점 커지고 있다고 경고하고 있어요. 삼중행성위기 또는 삼중지구위기는 기후 변화, 생물 다양성 손실, 환경 오염이라는 세 가지의 전 지구적 환경 위기가 현재 우리가 사는 행성, 즉 지구에서 벌어지고 있으며, 모두 연관되어 있다는 내용을 담고 있습니다.

멸종하는 동식물의 수가 빠르게 증가한다는 것은 여러분도 잘 알고 있을 거예요. 이는 지구 지표면 평균 온도의 급격한 상승이라는 기후 위기의 영향과 아마존 같은 열대 우림, 호주의 산호초 등 생물 다양성이 매우 높은 지역에서도 무차별적으로 벌어지고 있는 환경 파괴, 플라스틱을 포함해 인류가 만든 쓰레기와 오염 물질 등으로 인한 결과입니다. 삼중행성위기는 이런 현상을 압축적으로 표현한 말이라고 할 수 있지요. 하지만 생물 다양성 감소가 어떤 영향을 미칠지에 대해 주의 깊게 살피는 이들은 많지 않습니다.

다양한 동식물 종이 멸종하고, 자취를 감추는 것이 미래에 불러일으킬 영향 중에서 우리 인류와 직접적으로 연관되는 것은 바로 '식량 문제'입니다.

예를 들어 꿀벌의 수가 급감하는 것은 수술의 꽃가루를 암술로 운반해 꽃을 열매 맺도록 돕는 곤충의 수가 크게 줄어드는 것을 의미하죠. 이는 인류를 포함한 다양한 동물의 생존을 위협할 수 있는 일이 됩니다. 이 부분은 뒤에서 더 자세히 살펴보겠습니다.

우리가 마주하고 있는 문제는 모두 인류가 스스로를 지구의 주인이라면서 자만하고, 지구에 포함된 물(바다, 하천, 호수 등)과 공기, 땅을 무한한 자원이라 여기면서 마음대로 사용하여 불러일으킨 결과입니다. 자업자득이라고밖에는 말하기 어려운 일이기도 하지요. 동물에 대한 잘못된 사고방식에 의해 일어난 일이기도 합니다.

이 책에서 제가 말하고자 하는 인간과 동물의 관계에 대한 이야기는 이처럼 인간 중심의 동물관, 인간만이 지구의 주인이고 동물은 이용 대상이라는 생각에 대한 의문을 제기하는 내용입니다. 다음 챕터부터 이어질 동물에 대한 다양한 이야기 속에서 저의 문제 제기가 여러분에게 온전히 전달될 수 있기를 바랍니다.

1장

인간은 지구의
주인일까?

사람의 수가 많을까, 동물의 수가 많을까?

인류가 여섯 번째 대멸종을
앞당기고 있다고?

약 2억 5,200만 년 전인 고생대 페름기 말기, 판게아에서는 화산과 지진 활동이 극심하게 일어났어요. 현재 시베리아에 해당하는 지역 화산에서 나온 온실가스가 지구의 평균 기온을 상승시켰기 때문이에요.

판게아란 대륙 이동설에서 대륙이 지금처럼 6개로 나눠지기 전, 하나의 커다란 대륙을 이루고 있을 때의 이름이에요. 독일의 지구물리학자인 알프레트 베게너 Alfred Wegener 가 붙였지요.

약 100만 년 동안 지속된 화산의 분화를 통해 400만 세제곱킬

삼엽충의 화석

로미터에 달하는 용암이 지상에 흘러나왔어요. 해수면 온도는 약 40도, 대기 중의 온도는 약 50~60도까지 치솟았죠. 과학자들은 이 시기를 지구 역사상 가장 더웠던 때로 추정합니다.

기온이 올라가고, 온실가스 농도가 높아지면서 산소 농도가 낮아졌어요. 모든 생명체가 생명 활동을 유지하는 데 반드시 필요한 산소가 부족해지자 고생대 바다의 주역이었던 삼엽충, 산호, 방추충 등은 멸종했죠. 지상에서는 많은 곤충류와 파충류가 사라졌습니다. 해양 식물도 대부분 멸종을 피하지 못했습니다.

전체 생물종 가운데 화산 활동으로 인한 극심한 기후 변화를 견뎌 내고 후손을 남긴 종은 단 4퍼센트에 불과했어요. 96퍼센트의 생물종은 페름기 말기의 멸종 시기에 지구상에서 완전히 사라졌습니다.

　대규모의 멸종으로 인해 지구는 사실상 텅 빈 상태가 되었고, 새로운 종의 진화도 오랜 기간 발생하지 않았어요. 새로운 종이 나타나지 않는 '생명의 사각지대Dead Zone'가 약 500만 년 동안이나 이어진 것입니다.

　학계에서는 페름기 말기의 멸종은 지구에서 생명체가 태어나 진화하는 과정에서 발생한 다섯 번의 멸종 가운데서도 가장 극심한 피해를 입혔다고 보고 있어요. 지구 사상 최대의 멸종 사건이라는 의미에서 '대멸종Great dying'이라고 부르기도 합니다.

　약 3억 년 전부터 2억 5,200만 년 전까지 이어진 페름기는 선캄브리아대, 고생대, 중생대, 신생대로 이어지는 지질 시대 가운데 고생대의 마지막 시기로 '이첩기二疊紀'라고도 불러요.

　바다에는 삼엽충, 산호, 원생동물인 방추충이 번성했고, 지상에는 양치식물과 원시 파충류가 먹이 사슬을 이뤘던 시기로 추정되지요. 원생동물은 짚신벌레처럼 스스로 운동할 수 있는 단세포 동물을 말해요. 단세포 동물이란 하나의 개체가 한 개의 세포로 이루어진 동물로, 아메바, 짚신벌레, 박테리아 등이 여기에 포함됩니다. 진화 단계에서 가장 초창기의 동물로 추정돼요.

　페름기가 끝나고 이어지는 시기가 공룡이 번성하기 시작한 중생대의 첫 시기인 '트라이아스기삼첩기·三疊紀'예요. 대멸종 시기에 살아남았던 원시 파충류가 공룡으로 진화하면서 중생대의 주역이 될 기회를 잡게 되었어요. 중생대 내내 공룡을 피해 다니는데 급급했던 포유류의 조상이 중생대 말 공룡의 멸종 이후 신생대의 주역으로 떠오른 것과 비슷한 과정인 셈입니다.

지구 사상 최악의 멸종 사태가 일어난 페름기 대멸종의 원인은 대체로 화산 활동과 기온 상승, 산소 부족 등이라고 할 수 있습니다. 다른 의견이 있다면 소행성의 지구 충돌이 멸종을 더 빠르게 했다는 주장 정도지요.

그러나 당시 화산 활동으로 인한 극심한 기후 변화가 지역별로, 생물종별로 어떤 영향을 미쳤는지에 대한 연구는 아직까지 많지 않습니다. 미국 워싱턴대 해양학과와 스탠퍼드대 연구진은 2018년 12월 국제 학술지 『사이언스Science』에 페름기 대멸종의 주된 원인은 산소 부족 현상이었으며 고위도 지방의 생물일수록 치명적인 영향을 받았다는 연구 결과를 발표했어요.

연구진은 고생대 당시 판게아를 그대로 본뜬 지구 기후 시스템 모델과 현재 생존해 있는 생물종의 신진대사 모델을 통해 지구 온난화와 저산소 현상이 생물에게 미치는 영향을 분석했습니다.

실험 결과 시베리아 화산이 분출하기 직전의 지구 기온과 산소 농도는 현재와 비슷했지만 분출 이후 평균 해수면 온도는 10도 이상 치솟았어요. 이로 인해 해양이 간직하던 산소가 80퍼센트 가량 유출되었지요.

당시 지구의 적도 부근 열대 지역에 살던 해양 동물은 고위도 지역의 동물에 비해 산소 농도가 낮아진 환경에 적응하는 것이 비교적 수월한 편이었습니다. 물은 온도가 올라갈수록 산소의 양이 줄어드는데, 열대 지역에 서식했던 동물은 기후 변화 전에도 수온이 높고 산소 농도가 낮은 환경에 적응한 상태였기 때문이에요.

이에 비해 수온이 낮고 산소 농도가 충분한 고위도 지역에 살던 동물은 급변하는 환경에 적응하기가 어려웠습니다. 수온이 높아지면 해양 동물의 신진대사가 활발해지고 필요한 산소량도 늘어나기 때문에 필요한 만큼 산소를 공급받지 못한 고위도 지역의 동물은 멸종을 피할 길이 없었을 것으로 추정됩니다.

문제는 페름기의 대멸종 때와 유사한 현상이 현재도 일어나고 있다는 점이에요. 특히 대기 중 온실가스가 증가한 페름기 말기의 기후 상황이 오늘날과 매우 비슷하다는 점은 정말 걱정스러운 부분입니다. 해수의 온도 변화가 대멸종의 방아쇠가 된 저산소 현상을 일으킨 것처럼, 현재의 온실가스 증가와 해양 온도 상승이 여섯 번째의 대멸종을 불러일으킬 수 있다는 의견이 있기 때문이에요.

학계에서는 이미 지구의 지질 시대가 홀로세를 지나 '인류세人類

世·anthropocene'에 접어들었으며, 인류 때문에 대멸종이 현재 진행 중이라는 주장을 제기하는 학자들도 있어요. 인류세란 대기 화학자 파울 크뤼천Paul Crutzen이 처음으로 제안한 개념입니다. 자연계에 존재하지 않았던 플라스틱, 핵 실험 흔적, 대량 생산 등이 인류세의 대표적인 지질학적 특징이 될 것이라는 내용을 담고 있습니다.

인류세는 아직 학계에서 공식적으로 인정한 개념은 아니지만 생물종 멸종의 속도가 인류에 의해 더욱 빨라지고 있다는 것은 여러 연구 결과에서 이미 정설로 확인되었어요.

예를 들어 멕시코 국립 자치대와 미국 스탠퍼드대 공동 연구진은 2017년 7월 『미국국립과학원회보PNAS, Proceedings Of The National Academy Of Sciences』에 기존에 학계에서 추정했던 것보다 동물의 멸종 속도가 훨씬 빨라졌다는 논문을 발표했어요.

지금까지 알려진 척추동물의 절반 가량에 해당하는 약 2만 7,600종에 대한 국제 자연 보전 연맹IUCN, International Union for Conservation of Nature의 자료를 분석한 결과, 삼분의 일 가량의 동물종에서 개체 수가 최고 절반까지 줄어들었다는 내용입니다.

1900~2015년 사이 육식 포유류 177종은 개체 수가 80퍼센트 감소했습니다. 멸종 위기종으로 분류되지 않은 종에서도 개체 수 감소는 우려할 만한 수준이었습니다. 다른 연구에서는 16세기 이후 척추동물 320종이 멸종했으며, 앞으로 그 멸종 속도가 100배 이

상 빨라질 것이라는 비관적인 예측도 나왔습니다.

논문에는 현재의 온실 가스 배출이 계속된다면 2100년쯤의 해수 온도는 페름기 말기에 상승했던 수준의 20퍼센트 정도 오를 것이고, 2300년에는 페름기 말기에 상승했던 것의 35~50퍼센트 수준에 달할 것이라는 예상도 들어 있어요. 기후 변화로 인해 페름기 말기의 대멸종과 같은 구조의 대멸종이 일어날 수 있다는 점을 보여 주고 있습니다.

우리 인류가 기후 위기, 생물 다양성 손실, 환경 파괴 등과 관련해 중대한 갈림길에 서 있다고 보는 이들도 있습니다. 수많은 동물·식물과 공존하는 길을 갈 것인지, 그렇지 않은 길을 선택할 것인지 결정해야 한다는 것이죠.

독일의 사회학자이자 페미니즘 이론가인 마리아 미스Maria Mies와 환경·여성 인권 문제를 주로 다루는 인도의 사상가 반다나 시바Vandana Shiva는 『에코페미니즘』에서 우리 인류가 현재 두 법칙의 가운데에 있다고 이야기합니다. 지구의 생물과 환경이 스스로 진화한다는 가이아의 법칙 그리고 시장과 전쟁의 법칙이라는 시대적 법칙 말입니다. 이들은 이러한 상황을 인간과 지구 사이의 전쟁과 평화가 서로 겨루고 있다고 설명합니다.

미스와 시바는 인류의 운명에 대해 지구와 평화롭게 지내는 것과 지금과 같이 다른 생물종을 멸종시키며 인간도 함께 멸종을 맞이하는 것, 둘 중 하나를 선택해야 한다고 주장합니다.

그렇지만 지구와 맞서는 것은 지성적인 존재가 하는 선택이 아니라고 하며 모두와의 평화를 지켜 나가는 것을 강조했습니다. 이들이 말하는 자연과 전쟁을 하면서 '멸종을 맞이한다'는 것이 바로 멸종 위기 생물이 아예 없어지는 것을 방관하고, 오히려 부추긴 인류 스스로 선택한 미래일지도 모릅니다.

기후 위기와 생물 다양성 손실, 환경 오염이 점점 가중되고 있는 상황에서 해법을 찾고 피해를 최소화해 사회의 지속 가능성을 유지하기 위한 우리 인간의 책임은 점점 더 막중해질 수밖에 없어요.

2023년 3월 '유엔 국가 관할권 이원 지역 해양 생물 다양성 보전 및 지속 가능 이용BBNJ, Biodiversity Beyond National Jurisdiction 협약'이 체결되었습니다. 안토니오 구테레스Antonio Guterres 유엔 사무총장은 해양이 마주한 삼중의 위기에 맞서는 전 세계적인 노력이 승리했다고 말했습니다.

이 협약은 '공해 생물 다양성 협약'이라고도 불리는데요. 바다에서 살아가는 동물을 보호하기 위해 매우 핵심적인 역할을 할 예정입니다. 해양 동물에 대해서는 다른 챕터에서 좀 더 자세히 설명할게요.

인류세의 또 다른 상징

바로 앞 챕터에서 언급한 인류세의 주요 징표이자 기후 위기의 주된 원인인 온실가스, 플라스틱, 방사성 물질 외에 또 다른 중요한 징표가 있습니다. 두 글자인 '이것'은 무엇일까요?

힌트를 주자면 생물성 폐기물이고, 일상생활에서 우리가 흔히 먹고, 버리는 어떤 동물과 관련된 폐기물입니다. 다들 무엇인지 눈치채셨나요? 정답은 바로 '닭 뼈'입니다.

그렇다면 지구상에 닭이 몇 마리나 살고 있기에 닭 뼈가 인류세의 징표가 될 수 있을까요? 다양한 사람에게 이 질문을 했을 때 대체로 정답보다 훨씬 적은 수를 대답하는 경우가 많아요. 이는 인류 전체의 수인 80억 명보다 더 많은 닭이 지구상에서 살아가고 있을 것이라고는 생각하기 어려워서일지도 몰라요.

지구상에서 매년 도축되는 닭의 수는 약 600억 마리에 달합니다. 인간에 의해 사육되는 수를 동시에 확인하면 약 220억~230억 마리 정도일 것으로 추정돼요.

매년 도축되는 수와 동시에 존재하는 수가 다른 것은 닭고기를 얻기 위해 3~4개월만 사육되다 도축되는 닭이 그만큼 많기 때문이에요. 알을 얻기 위해 기르는 산란계는 3~4년의 생애를 이어 갈 수 있지만, 고기를 얻기 위해 기르는 육계는 3~4개월의 시간밖에 없습니다. 물론 여기에는 알에서 깨어나자마자 살처분되는 수평아리의 수는 포함되어 있지 않아요.

수평아리가 살처분되는 이유는 공장식 축산 방식인 현재의 축산업 형태 때문이에요. 산란계 농장의 경우 알을 낳지 못하는 수평아리는 필요가 없습니다. 고기용 닭을 키우는 육계 농장의 경우도 육계 품종에 비해 성장 속도도 느리고, 살도 적게 찌기 때문에 수평아리를 필요로 하지 않아요.

병아리는 부화된 직후 성별을 판별하는 과정을 거치게 되는데 이때 수평아리는 산 채로 분쇄되기도 하고, 폐기물로 처리되는 등 태어나자마자 희생당하고 있습니다.

이처럼 많은 수의 닭이 매년 도축되고, 막대한 양의 닭 사체가 다양한 방식으로 소각되거나 매립됩니다. 매립된 닭 뼈 중 일부는 먼 훗날, 수십만 년 또는 수백만 년 뒤 화석이 되어 발견될지도 몰라요.

그때 닭의 화석을 발견하는 이들은 닭이 홀로세와 인류세 사이 어디쯤일 현재, 즉 20세기와 21세기에 지구상에서 가장 많이 서식했던 조류라는 결론을 내릴지도 모릅니다. 어쩌면 닭이 또 다른 종에 의해 대량 사육, 대량 소비된 동물이라는 사실에 도달할 수도 있겠죠.

하지만 닭이 지구상에서 지배적이었던 종이라고 오해할 가능성도 있지 않을까요? 우리가 현재 화석 증거를 통해 고생대, 중생대 지구를 지배하던 종이 무엇일지 추측하는 것처럼 말이에요. 그 추측은 매우 과학적으로 이뤄졌지만 그럼에도 항상 불확실성이 존재하지요. 물론 이런 판단을 내리는 이들이 우리 인류의 후손일지 또 다른 지적 생명체가 될지 지금은 알 수 없어요.

지금까지 살펴본 것처럼 지구에 사는 모든 조류를 합친 것보다 인간이 사육하는 닭의 수가 더 많기 때문에 닭 뼈 화석은 인류세를 상징하는 유력한 지표로 꼽힙니다.

그런데 유감스럽게도 지구상 닭의 삶을 행복과 불행 중 하나로 평가하자면 매우 불행한 쪽에 속하는 경우가 대부분이에요. 애초에 대부분의 닭이 자연적인 수명을 누리지 못하고 도축된다는 점에서 행복과 불행을 따진다는 것 자체가 말도 안 되는 일일지도 모르겠네요. 사육당하는 닭들은 인간에게 죽임을 당한다는 운명뿐 아니라 살아 있는 동안에도 지극히 고통스러운 상황에 놓인 경우가 대부분입니다.

'공장식 축산 방식'의 기업형 농장은 외부에서 보면 농장이 아닌 공장 단지처럼 보이는 경우가 많습니다. 공장식 축산은 기업이 닭, 돼지, 소와 같은 농장 동물의 대량 사육을 통해 달걀이나 고기 등

경제적으로 가치가 있는 축산물을 저렴하게 대량 생산하는 방식의 농장을 말합니다. 달걀을 낳기 위해 기르는 산란계를 키우는 농장 중에는 이런 기업형 농장이 많습니다.

공장 내부도 인력을 최소화하기 위해 대부분 기계에 의해 자동으로 모든 것이 진행되고 있지만 닭 입장에서 내부 환경은 여전히 매우 열악해요. 좁은 공간에서 많은 닭을 기르면서 쌓인 배설물 냄새와 닭들이 만들어 내는 먼지로 인해 눈을 뜨고 있기조차 힘든 상태예요. 닭의 지옥이 있다면 바로 이런 곳이겠구나 하는 생각이 들 정도입니다.

좁고 더러운 환경에서 살다 보니 닭이 조류 인플루엔자^{AI, Avian Influenza} 같은 병에 걸릴 위험도 높기 때문에 기준을 뛰어넘는 양의 항생제를 투여하는 경우도 많아요. 일부 공장식 축산 농장에서는 아직 질병이 도는 것이 아닌데도 예방한다는 명목으로 항생제를 투여하기도 합니다.

흔히 산란계 농장의 닭장을 A4 용지 한 장 크기라고 표현합니다. 각 열마다 네 개 층으로 늘어선 닭장에는 닭들이 좌우로 뒤척일 공간도 없이 빼곡히 들어서 있습니다. 닭이 낳은 달걀은 수거가 편하도록 경사로를 통해 닭장 앞쪽으로 굴러 내려가게 설치됩니다. 닭의 고통은 전혀 고려하지 않은 채 달걀의 대량 생산만을 위한 형태이지요.

이곳저곳 돌아다니며 먹이를 쪼아 먹고 가끔은 날기도 하는 본성에 따른 행동을 전혀 하지 못한 채 평생 알만 낳는 삶도 안타깝지만, 사실 더 끔찍한 점은 눈에 띄지 않는 곳에 있습니다.

산란계 농장의 닭들

말 그대로 잘 보이지 않는 진드기가 닭에게 엄청난 고통을 주고 있다는 점이야말로 공장식 축산 방식 산란계 농장을 닭들의 지옥으로 만드는 요소입니다. 닭장의 금속 부분을 돋보기로 확대하면 빨간색의 진드기가 득시글거리는 모습을 볼 수 있습니다. 닭의 피를 빨아 먹고 사는 진드기는 축사 곳곳에 존재합니다.

야행성인 진드기는 닭이 휴식을 취하는 밤에 활동하면서 피를 빨아 먹어요. 야생이라면 모래 목욕을 하며 진드기를 떼어 내겠지만 움직이기도 힘든 닭장 안에서는 해충으로 인한 고통을 피할 길이 없습니다.

진드기에 물리면 만성적인 가려움을 겪게 되고, 빈혈을 일으키거나 불면에 시달리게 될 수도 있어요. 이는 닭을 고통스럽게 할 뿐 아니라 달걀의 품질이 저하되거나 생산량 감소로 이어져 산란계 농장을 곤란하게 하기도 합니다.

닭과 농장을 모두 괴롭히는 진드기를 박멸하기 위해 살충제를 뿌리면 되지 않을까요? 그렇지만 수천 마리의 닭이 거의 항상 존재하는 축사 내에 독한 살충제를 뿌리는 것은 닭은 물론, 그 닭이 낳은 달걀을 먹는 사람의 건강에 큰 영향을 미칠 수 있습니다. 그렇기 때문에 산란계 농장의 축사 내에서는 농림 축산 식품부의 감시 아래 허가받은 살충제만 사용이 가능합니다.

그럼에도 2017년에 달걀에서 피프로닐^{fipronil} 등 사람에게 유해할 수 있는 살충제가 검출되었습니다. 바로 '살충제 달걀 사건'입니다. 일부 산란계 농장에서 피프로닐이 포함된 살충제를 오남용한 결과였어요.

식약처는 특정 물질에 장기간 노출됐을 때 발생하는 건강상의 위해성을 평가하는 지표인 '만성 독성 위해성 지수^{HQ, Hazard Quotient}'를 발표했습니다. 위해성 지수는 독성 물질을 섭취해도 건강에 영향을 받지 않는 양과 실제 노출될 수 있는 양을 비교한 것으로, 보통 1이 넘으면 위해성이 있는 것으로 평가합니다.

당시 살충제 달걀에 포함된 피프로닐의 위해성 지수는 하루에 달걀을 2.6개씩 먹을 경우 0~2세 영유아는 5.11배까지 증가하는 것으로 나타났어요. 3~6세 어린이의 경우 위해성 지수는 3.28배에 달했고, 성인도 위험할 정도의 수치가 나타났습니다. 또 영유아는 해당 달걀을 하루 1개씩만 먹어도 안전하지 않다는 분석도 나왔어요.

문제는 공장식 축산 방식의 산란계 농장에서는 살충제를 뿌리지 않는 것이 현실적으로 불가능하다는 점이에요. 이유는 다름 아닌 진드기의 강한 번식력 때문입니다.

살충제를 뿌리는 일은 주로 노후한 닭을 도축하면서 축사를 비울 때 이루어집니다. 이때 축사 안에 남아 있던 살충제에 닭이 노출되면서 달걀이나 고기에 살충제 성분이 포함될 가능성이 있습니다.

그런데 진드기의 번식력이 워낙 강해서 살충제를 뿌려도 다른 축사에 남아 있던 진드기가 번지는 것을 막기는 사실상 불가능에 가깝습니다.

이로 인해 축산업 관계자 중에는 "공장식 축산으로 생산된 계란은 살충제 때문에 안 먹는다"라고 말하는 사람도 있습니다.

게다가 살충제의 진드기 번식 억제 효과는 일시적일 뿐이에요. 축사에 들여온 닭 중 극히 일부라도 진드기가 붙어 있다면 축사 전체에 진드기가 번지는 것은 순식간입니다. 여러 축사를 오가며 일하는 산란계 농장 노동자를 통해서 진드기가 전파되기도 합니다.

결국 공장식 축산 방식이 유지되는 한 진드기로 인한 닭의 고통은 사라질 수 없어요. 살충제에 따른 부작용으로 사람들이 먹는 달걀이 오염되는 것 역시 완전히 막는 것은 불가능하고요. 기준치 아

래라고는 해도 아예 살충제 자체가 검출되는 것을 막기는 어렵습
니다. 공장식 축산이 동물에게 고통을 주는 동시에, 사람의 건강에
도 악영향을 끼친다는 동물권 단체의 주장을 귀담아들어야 하는
이유입니다.

기후 위기 속의 동물들

꿀벌이 사라졌다!

2022년 자연 생태계에서 발생한 일이 온 국민의 관심을 받았습니다. 그 주인공은 바로 '꿀벌 78억 마리 폐사 사건'입니다. 우리나라에서는 자연 생태계와 생물 다양성에 관한 소식이 관심거리가 되는 일이 아주 드물지요.

농촌 진흥청이 조사한 결과 2022년 1~2월 전국에서 갑자기 죽은 꿀벌의 수는 78억 마리에 달했어요. 덕분에 알베르트 아인슈타인Albert Einstein이 했던 "꿀벌이 사라지면 인류도 사 년 이내에 멸망한다"라는 말이 많은 사람의 입에 오르내리기도 했지요. 일부 과학자들이 전 세계에서 2035년쯤 꿀벌이 멸종할 것이라고 예측했던

벌집과 꿀벌들

것처럼, 꿀벌이 사라지면 2040년쯤 인류가 멸망할 것이라는 다소 섣부른 우려가 제기되기도 했습니다.

　꿀벌 실종의 원인으로 주로 논의되는 것은 겨울철 이상 고온 현상, 바이러스, 농약(살충제), 꿀벌을 잡아먹는 아열대성 육식 곤충, 등검은말벌의 유입, 전자파 등입니다. 전자파는 꿀벌의 방향 감각을 잃게 하고, 스트레스를 유발하는 등 악영향을 미친다고 알려져 있습니다.

　정부와 지자체는 꿀벌 실종에 여러 가지 원인이 복합적으로 작용했지만 근본적 원인은 기후 변화라고 설명합니다. 기후 변화로 인해 겨울철 이상 고온 현상이 발생하면서 봉군蜂群·벌들의 떼을 약화시켰습니다. 또 아열대성 육식 곤충의 유입처럼 꿀벌에게 위협이 된 현상도 모두 한반도 기후가 점차 아열대화되면서 나타난 현상이에요. 기후 변화가 꿀벌 실종의 중요한 원인이라는 점을 부정하기 어려운 것이지요.

미국이나 유럽에서는 이미 십수 년 전부터 꿀벌이 사라지고 있는 현상에 대해 경고했습니다. 미국에서는 2007년 일 년 새 전체 벌집의 삼분의 일에 해당하는 300억 마리가 실종되기도 했어요. 당시 한순간에 벌집이 텅 비는 현상을 가리키는 '군집 붕괴 현상 CCD, Colony Collapse Disorder'이라는 신조어가 생겨나기도 했습니다. 십여 년 전 영국의 한 방송사는 인류를 멸망시킬 수 있는 재난 재해 열 가지를 꼽으면서 '꿀벌 실종'을 포함시키기도 했지요.

그런데 과연 기후 변화가 근본 원인이라고 여기는 것이 꿀벌 실종에 대응하는 올바른 자세일까요? 모든 문제의 원인을 기후 위기라는 전 지구적이고 인류 전체가 당면한 문제에 떠넘기고 있는 것은 아닐까요?

달리 말해 기후 위기처럼 국가나 지자체 국가 단위에서도 대응하기 어렵고, 단기간에 해결하는 것이 불가능한 원인을 탓하는 것이 꿀벌 실종과 같은 문제를 해결하는 데 도움이 될지 고민해야 하는 시기입니다. 특히 기후 위기 외에도 꿀벌에게 악영향을 미치는 다른 여러 가지 원인이 존재하는 상황에서는 무책임한 태도일지도 모르겠습니다.

앞서 언급한 것처럼 미국, 유럽 등 한국보다 꿀벌 실종을 먼저 겪은 나라들은 기후 위기 외에도 중요한 원인이 꿀벌 실종에 영향을 미쳤다고 여기고 있습니다. 그리고 그 문제를 해결하기 위한 전 사회적 노력이 이뤄져 왔어요. 바로 최근 국내에서도 주요 원인으로 꼽힌 '농약(살충제)' 문제예요.

특히 네오니코티노이드 Neonicotinoid 성분 살충제는 꿀벌에게 큰 악영향을 미치는 것으로 알려졌습니다. 세계적으로 광범위하게 사용되는 이 살충제는 특히 옥수수, 콩 등 농작물 재배에 많이 사용되고 있어요.

네오니코티노이드 살충제가 꿀벌 수 감소의 원인으로 지목되면서 미국과 유럽 등에서는 이 살충제의 사용을 금지하기 위한 시민운동이 활발하게 벌어졌습니다. 유럽 연합은 이 성분이 포함된 살충제 3종을 꿀벌이 노출될 가능성이 없는 온실에서만 사용할 수 있게 규제하기도 했습니다.

그러나 한국에서는 이 살충제가 별다른 제약 없이, 지금 이 순간에도 도시와 농촌 곳곳에서 광범위하게 사용되고 있어요. 꿀벌 실종이 심각한 문제라는 것에 정부, 전문가, 환경 단체 모두가 동의하고 있지만 그 원인 중 하나로 지목된 살충제는 여전히 사용되고 있는, 이해하기 어려운 일이 벌어지고 있지요.

이 외에도 정부와 지자체가 해충을 없애기 위해 전국에 살포하고 있는 살충제 중에 꿀벌에게 치명적인 영향을 미치는 것이 있다는 지적도 계속되고 있습니다.

물론 꿀벌을 위협하는 요인이 살충제만 있는 것은 아닙니다. 기후 변화는 활동량을 줄일 뿐 아니라 천적을 늘리는 등 꿀벌 입장에서는 재난에 가까운 일을 만들고 있어요.

세계 자연 기금WWF, World Wide Fund for Nature은 기후 변화로 인한 기상의 변동성이 꿀벌 군집 내부의 안정성을 위협한다고 이야기합니다.

꿀벌은 20~30도의 기온, 초속 0~4미터의 풍속에서 가장 활발하게 활동하고, 비가 내릴 때는 비행하는 횟수가 줄어듭니다. 습도가 높아질수록 활동량은 감소하죠. 꿀벌이 활동하는 데 습도가 큰 영향을 미친다는 것을 알 수 있습니다.

그래서 꿀벌은 벌통 내부의 온도와 습도를 일정하게 유지하는 능력을 가지고 있습니다. 그렇지만 기후 변화로 인한 폭염, 폭우 등으로 인해 더 이상 일정한 온도와 습도를 유지하는 일이 어려워졌습니다. 이는 앞서도 언급했듯이 군집 붕괴 현상으로 이어질 수 있어요.

꽃가루를 옮기는 꿀벌

기후 변화로 인한 또 다른 위협은 기온 상승에 따라 외래 침입종의 서식 가능 지역이 확대되고 있다는 점이에요. 특히 꿀벌을 잡아먹는 등검은말벌은 전국적으로 수가 늘어나고 있습니다.

원래 등검은말벌은 한반도 남부 지역에 주로 서식했는데 이제는 서울과 강원도, 수도권 지역으로 빠르게 확산 중이에요. 등검은말벌의 증가는 특히 꿀벌의 번식과 수술의 꽃가루를 암술로 옮기는 수분 활동이 활발한 늦여름부터 초가을 사이 큰 피해를 주고 있어요.

꿀벌 생태계의 붕괴는 단순히 꿀벌 한 종에게만 영향을 미치는 일이 아니에요. 앞에서 말했듯이 수분 매개자, 즉 식물의 꽃가루를 옮기는 일을 담당하는 꿀벌이 줄어든다는 것은 생물 다양성을 붕괴시키고 인간의 식량 안보에도 악영향을 줄 수 있어요.

기후 위기가 오랜 기간 동안 그리고 한국 사회 전체가 변화하면서 대처해야 하는 문제라면 살충제는 단기간에 해결이 가능하고 심지어 대체재도 풍부한 문제예요. 쉽게 해결할 수 있는 원인을 두고 오랜 기간에 걸쳐 대처해야 하는 원인만을 바라보는 것이 올바른 대처인지, 무책임한 태도가 아닌지 생각해 보면 좋겠습니다.

생태계 문제의 원인을 전부 기후 위기로 돌리는 것보다는 당장 할 수 있는 일들을 해결하고, 동시에 기후 위기를 대처하기 위한 구조적 변화에도 손을 놓지 않는 두 가지의 접근 방법이 모두 필요할 거예요.

중국의 참새 박멸

중화 인민 공화국, 즉 중국이 건국한 지 육 년이 지난 해였던 1955년, 중국 공산당 중앙당에는 한 농민의 탄원서가 올라왔습니다. '참새 떼 때문에 농사를 지을 수가 없다'는 내용이었어요. 농민 가운데는 참새는 물론 다양한 조류, 곤충을 미워하는 이들이 많을 수밖에 없지요. 새나 곤충이 정성 들여 농사지은 곡식이나 채소, 과일 등을 망쳐서 수확량이 줄어든다고 생각하기 때문입니다. 농사

제사해 운동의 네 가지 해로운 동물

가 생업인 이들이 이렇게 생각하는 것은 자연스러운 일일지도 몰라요.

지금으로부터 칠십 년 전의 중국 공산당은 이 문제를 심각하게 받아들였습니다. 당시 중국의 최고 권력자로 항일 전쟁과 공산혁명을 이끌었던 마오쩌둥毛澤東은 참새를 포함해 쥐, 파리, 모기를 사해四害, 즉 네 가지 해로운 동물이라고 칭했습니다. 그러고는 십이 년 내에 중국 전체의 참새, 쥐, 파리, 모기를 없앨 것을 명령했어요. 이를 '사해를 제거하는 운동'이라는 의미의 '제사해除四害 운동'이라고 불러요.

특히 마오쩌둥은 참새를 해로운 새라고 직접 언급하면서 제거할 것을 명령했고, 베이징에는 '참새 섬멸 총지휘부'가 설치됐습니다. 인작대전人雀大戰, 즉 인간과 참새의 전쟁이 벌어지면서 농민, 노동자, 학생, 군인 등 모든 중국인이 참새 퇴치에 나섰어요.

당시 중국 공산당의 한 간부가 참새를 두고 했다는 "이제야 (참새가) 수천 년간 우리의 양식을 수탈하며 저지른 죄악을 청산할 때가 왔다"라는 말은 참새에 대한 당시 중국 사람들의 인식이 어땠는지를 보여 줍니다.

참새 소탕 작전 첫날이었던 1958년 4월 19일 하루에만 참새 8만 3,249마리가 사냥당했습니다. 1958년 한 해 동안 몰살당한 참새의 수는 무려 2억 1,000만 마리에 달해요. 중국 각지에서 새총을 잘 쏘는 이들이 맹활약을 펼치면서 참새를 사냥했어요.

이 작전은 참혹한 결과를 낳았습니다. 중국에서 참새가 자취를 감추자 농촌 곳곳에서는 해충이 걷잡을 수 없이 퍼지기 시작했습니다. 곡식 외에도 곤충을 즐겨 먹는 참새가 사라지면서 해충이 기승을 부리게 된 것이지요.

해충이 걷잡을 수 없이 퍼지면서 흉년이 이어진 데다 가뭄과 홍수 등 재난이 잇따라 중국을 덮치면서 대기근이 시작됐어요. 참새 소탕 작전 이후 삼 년여 동안 굶주림으로 사망한 사람의 수는

4,000만 명에 이릅니다.

특히 농촌 지역의 피해가 가장 컸고, 많은 영유아가 희생되었습니다. 곡식 수확량을 좀 더 늘리겠다는 생각으로 생태계의 균형을 무너뜨린 것이 이처럼 참혹한 결과를 낳았어요.

이 같은 중국의 참새 소탕 작전과 그로 인한 4,000만 명의 떼죽음은 아마도 인류 역사 전체에서 가장 큰 규모의 '생태계 균형을 무너뜨려 발생한 재난'이라 할 수 있을 거예요.

그런데 칠십 년 전에 발생한 이 대재난은 사실 충분히 막을 수 있는 일이었어요. 중국 공산당은 당시 동물 연구 전문가들에게 참새 박멸에 대한 의견을 구했고, 부정적인 답변을 받았습니다. '참새에 대한 체계적 연구가 이뤄진 적이 없으며, 박멸이 필요한지 말할 수 없다'는 내용이었지요. 만약 중국 공산당이 이 같은 과학적 의견에 귀를 기울였다면 수많은 이가 목숨을 잃는 일은 없었을 거예요.

사람의 개입으로 인해 생태계의 균형이 무너지고, 그 대가로 동식물은 물론 인간마저 피해를 입는 다수의 사례를 살펴보면 자연과 생태계에 대한 '무지無知' 그 자체보다는 무지를 인정하지 않는 오만함에서 비롯되는 경우가 많아요. 1950년대 중국의 비극이 참새와 생태계 균형에 대한 무지를 인정하지 않고, 생태계에서 참새라는 종을 도려내도 아무 문제가 없을 것이라 생각했기 때문에 발생한 것처럼 말입니다.

늑대와 초식 동물, 쥐와 여우

1920년대 미국에서 벌어진 늑대 박멸도 비슷한 사례입니다. 당시 미국에서는 늑대가 목장의 가축을 공격하는 일이 잦았습니다. 그로 인해 축산업자들의 피해가 커지면서 대대적으로 늑대를 퇴치했어요. 늑대가 사라지는 데 걸린 시간은 불과 육 년이었습니다.

늑대가 사라진 뒤 천적이 없어진 엘크(북미큰사슴)의 수는 폭발적으로 증가하기 시작했어요. 엘크가 강변의 관목을 집중적으로 먹어 치우면서 강변의 생태계 균형이 무너졌습니다. 숲이 망가지면서 버드나무나 미루나무 같은 큰 나무마저 사라지자 조류의 서식지가 줄어들었고, 곤충도 자취를 감췄어요.

강변에 주로 사는 비버 역시 그 수가 줄어들 수밖에 없었습니다. 엘크의 수가 폭증하면서 이들이 강가의 어린 나무와 관목을 뜯어 먹어 비버가 먹이로 삼거나 댐을 짓는 재료로 사용하는 나무가 줄어든 것이 큰 영향을 미쳤기 때문이에요.

이 사례는 '트로픽 캐스케이드 Trophic Cascade'의 대표적 사례로 꼽힙니다. '트로픽'은 먹이 사슬에서의 영양 단계, '캐스케이드'는 폭포라는 의미인데 한 생물에게 일어난 변화가 생태계 내에서 다른 생물에게 연쇄적인 영향을 미치는 것을 말해요. 먹이 사슬 꼭대기에서 일어난 변화가 먹이 사슬 아래쪽에 큰 파장을 일으킨다는 개

넘으로 이해하면 돼요. 최상위 포식자인 늑대 한 종이 사라진 것이 생태계 전반에 영향을 미친 것이지요.

앞서 언급한 중국의 참새 소탕 작전이나 미국의 늑대 박멸에서 얻을 수 있는 교훈이 있습니다. 바로 생태계에서 인간이 어느 한 종만을 아무런 영향을 미치지 않고 도려내는 것은 불가능하다는 점이에요.

늑대 박멸로부터 칠십여 년이 지난 1995년, 미국의 과학자와 환경 단체는 옐로스톤 국립 공원에서 회색늑대를 복원하는 프로젝트를 시작했습니다.

캐나다에서 들여온 회색늑대 열네 마리를 풀어놓자 공원의 생태계는 달라졌습니다. 최상위 포식자인 늑대가 엘크의 수를 조절하기 시작하면서 숲이 되살아났고, 숲에 서식하는 조류와 곤충의 수도 균형을 찾았어요. 다시 선순환 구조가 마련된 것입니다.

옐로스톤 국립 공원의 늑대 복원은 멸종한 여우를 복원하고 있는 한국에서도 유심히 살펴봐야 하는 사례예요. 1960년대 우리나라에서는 대대적인 쥐잡기 운동이 벌어졌습니다. 단순히 곡식을 훔쳐 먹는 것뿐만 아니라 감염병까지 퍼뜨리는 쥐를 박멸해 국내의 위생 환경을 개선시키려는 의미도 있었어요.

하지만 중국의 참새 박멸이나 미국의 늑대 박멸과 마찬가지로 쥐잡기 운동 역시 예기치 못한 생태계 부작용을 일으켰지요. 바로 쥐를 주식으로 삼는 여우의 수가 급격히 줄어드는 결과를 낳은 것입니다.

과거 여우는 한반도 전역에 널리 분포해 있었습니다. 그중에서도 깊은 산속이 아닌 마을이 가까운 곳에 서식하는 경우가 많았어요. 산기슭이나 농경지 주변에서 쥐를 잡아먹고 사는 동물이 바로 여우였던 것입니다. 여러 전설이나 전래 동화에 여우가 자주 등장하는 까닭 역시 인간과 가까운 곳에 사는 동물이다 보니 선조들의 눈에 자주 띄었기 때문이라는 추측도 있어요.

그러나 일제 강점기와 한국 전쟁을 거치면서 황폐화된 산림과 쥐잡기 운동은 여우를 멸종의 구렁텅이로 밀어 넣고 말았어요. 1980년대부터 여우는 국내에서 아예 사라졌다고 볼 수 있습니다.

멸종한 여우를 다시 복원하기 시작한 것은 2012년입니다. 국립 공원 공단이 서울 대공원에서 사육하던 개체를 방사한 것이 처음이에요. 이후 꾸준히 인공 증식과 야생 방사를 실시하면서 2019년에는 야생에서 서식하는 개체 수가 오십 마리까지 늘어났어요. 전문가들은 여우의 수가 점점 더 늘어난다면 쥐를 포함한 소동물의 개체 수를 조절하여 생태계의 균형을 유지할 수 있을 거라고 기대하고 있습니다.

과거 우리 조상들이 고갯길을 넘을 때 마주친 여우를 보며 구미호 같은 전설 속 존재를 상상한 것처럼, 오늘날 야생에서 조금씩 수가 늘어나고 있는 여우가 다시 사람들에게 친근한 존재가 되는 날이 오길 바랍니다.

| 2장 |

잠시, 동물이 되어
보겠니?

동물 실험은 이제 그만!

실험동물을 외면한 우리

'499만 5,680마리', 2022년 한 해 동안 우리나라에서 동물 실험 대상으로 고통을 겪은 동물의 숫자입니다. 이들 중에는 실험이 끝난 뒤 짧고 고통스러운 생을 마감한 개체도 있고 그 수는 많지 않지만 이후에도 살아남아 고통을 겪고 있기도 합니다. 아주 드물게 실험동물 중 일부는 새로운 주인을 만나 고통스러웠던 과거를 치유하며 제2의 삶을 살고 있다고 해요.

4월 24일은 '세계 실험동물의 날'입니다. 이날 전 세계 곳곳에서는 동물권 단체들이 동물 실험을 줄이고, 궁극적으로는 대체 시험을 통해 연구를 진행하자고 촉구하는 집회나 기자 회견을 열고는 해요.

우리나라에서도 실험동물의 고통을 외면해서는 안 된다는 목소리가 나온 지 꽤 오래됐습니다. 하지만 오히려 실험동물의 수는 계속 늘고 있습니다.

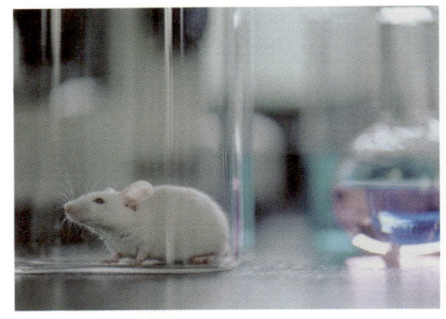

동물 실험에 가장 많이 희생되는 쥐

농림 축산 검역 본부는 2022년 한 해 동안 실험에 이용된 동물이 499만 5,680마리였다고 밝혔습니다. 이는 전년도인 2021년보다 11만 5,428마리가 늘어난 수치예요. 사 년 전인 2018년보다는 약 120만 마리가 늘었고, 2015년(약 250만 마리)에 비하면 거의 두 배 가까이 증가한 거예요.

2022년에 가장 많이 희생된 동물은 설치류로, 416만 마리에 달했어요. 그다음으로는 조류 42만 마리, 어류 27만 마리였고요. 영장류인 원숭이는 2,942마리, 토끼는 2만 8,679마리가 희생됐어요.

동물권 단체는 특히 전체 실험동물의 절반에 가까운 242만 마리는 극심한 고통을 겪다가 죽음을 맞이했을 것으로 추정하고 있어요. 이 242만 마리는 동물이 겪는 고통을 정도가 약한 A부터 가장 극심한 E까지 다섯 단계로 구분했을 때 바로 '고통 등급 E' 범주의 실험에 이용된 동물 수예요.

이 실험에는 종양이나 감염 연구 등이 포함되어 있고, 실험동물은 극심한 고통이나 억압, 피할 수 없는 스트레스를 겪게 된다고 해요. 수많은 동물이 고통스러운 화학 물질에 노출되어도 진정제나 통증 완화제를 전혀 쓸 수 없는 상황에 놓였던 거예요.

동물 실험은 대학이나 전문 기관의 연구실에서만 일어날까요? 놀랍게도 여러분과 같은 청소년이 동물의 고통을 목격하기도 했습니다.

우리나라의 중고등학교에서는 불과 몇 년 전까지만 해도 동물 해부 실습으로 인해 생명에 대한 감수성이 높은 학생들이 심리적 고통을 호소하는 일이 오랫동안 벌어졌습니다. 과학 교육이라는 이름 아래 진행된 이 실습에서는 살아 있는 개구리나 붕어를 해부하면서 신체 내부 장기에 대해 배우는 수업이 이뤄졌어요.

학교 현장의 해부 실험 통계를 보면 2012년부터 2015년 사이 초중고등학교에서 해부 실험으로 희생된 동물은 총 11만 마리가 넘습니다. 개구리가 가장 많았고, 붕어, 금붕어, 쥐, 토끼 등이 희생됐습니다. 소의 안구나 돼지의 신장·방광·심장, 양의 뇌처럼 이미 죽은 동물의 사체를 이용한 해부 실험도 있었어요.

심지어 학교에서의 생체 실험에는 황소개구리, 베스, 피라냐 같은 법적으로 사육이나 유통이 금지된 생태계 교란종도 사용됐다고 해요.

학교에서 황소개구리를 해부하면서 어떤 선생님들은 "이 개구리는 생태계 교란종이라 어차피 죽여야 해요"라고 말했을지도 모릅니다. 학생들도 그 말을 자연스럽게 받아들였을 수 있지요.

하지만 생태계 교란종이라서 정부나 지자체가 개체 수를 줄이려 한다고 해도 잔인하게 죽이는 것이 정당화될 수는 없지 않을까요?

살아 있는 생명에게 고통을 주고, 죽이면서 실험을 하려면 최소한 과학적으로 꼭 필요한 이유와 분명한 목적이 있어야 합니다. 그런데 과거 학교에서 이루어진 해부 실습은 동물의 신체 내부를 보기 위한 것 외에는 뚜렷한 이유도 목적도 없는 수업이었어요. 해부 모형만으로 충분했는데도 살아 있는 동물을 무분별하게 죽였던 것이나 다름없습니다.

2018년, 우리나라에서 미성년자의 해부 실습이 법적으로 금지되었어요. 동물 보호법 개정에 따른 조치였는데요. 그럼에도 여전히 많은 학교에서 죽은 소의 눈이나 돼지의 심장 등을 해부하는 수업이 계속됐어요. 살아 있는 동물을 죽이는 것보다는 덜할 수 있지만, 지켜봐야 하는 학생들에게는 여전히 불쾌하고 혐오스러운 경험이었을 거예요. 이런 해부 실습은 하루빨리 금지되어야 하지 않을까요?

2025년 3월, 서울시 교육청은 해부 실습을 금지하는 조례를 공포했습니다. 여기에는 학교에서 교육이나 시험, 연구 등의 목적으로 사체를 포함한 동물을 해부하는 실습을 할 수 없다는 내용이 담겨 있어요. 그러나 아직 다른 지역 교육청 중에는 이런 조례가 없는 곳이 많습니다.

예외적으로는 학교에 전문가로 구성된 '동물 해부 실습 심의 위원회'를 두고, 학교장이 심의를 거쳐 타당하다고 인정하는 경우, 학교나 동물 실험 시행 기관이 윤리 위원회의 심의를 거친 경우만 해부 실습이 가능하게 되었습니다.

우리나라에서는 최근에야 이런 법적 조치가 만들어졌지만 해외에서는 이미 오래전부터 학교의 동물 해부 실습을 금지했습니다. 대만은 중학교 이하 학생들의 동물 실험을 막고 있고, 미국은 17개 주와 워싱턴 DC에서 초·중·고 학생들이 직접 동물을 해부하지 않고 대체물을 선택할 수 있게 보장하고 있다고 합니다.

인도는 대학에서도 동물 해부 실습을 할 수 없고, 대신 해부 시뮬레이션 프로그램으로 교육을 진행하고 있어요. 영국은 대학생을 제외하고는 척추동물에게 고통을 줄 수 있는 모든 학습 행위를 금지하고요.

반면 우리나라 대학에서는 여전히 독성 물질을 사용해서 동물을 죽이는 실습을 진행하고 있어요. 과학적으로 독성이 확인됐음에도 계속해서 굳이 동물에게 끔찍한 고통을 주고 목숨까지 빼앗는 실험을 할 필요는 없지 않을까요? 다른 나라보다 많이 늦었지만 우리나라도 동물의 희생을 최소화하는 과학 실험 문화가 확산되기를 기대해 봅니다.

동물 실험은 과학적으로 필요할까?

1950년대 말, 독일에서는 팔다리가 없거나 매우 짧은 기형아가 급격히 늘어나는 비극이 일어났어요. 피해자는 1만 명이 넘었습니다. 독일 의학계가 왜 이런 일이 일어났는지 연구한 결과, '탈리도마이드Thalidomide'라는 입덧 완화제의 영향 때문이라고 밝혀졌습니다.

이 약은 동물 실험을 통해 안전성을 입증받은 상태였습니다. 실험 결과 아무 문제가 없다며 판매되었던 거예요. 입덧으로 고생하던 임신부들은 안심하고 이 약을 복용했죠.

탈리도마이드의 심각한 부작용이 알려진 이후, 과학자들은 다시 동물을 대상으로 새끼에게 기형이 생기는지를 실험했지만 사람처럼 부작용이 나타나지 않았어요. 그래서 탈리도마이드는 동물 실험에서는 이상이 없었지만 사람에게는 치명적인 문제가 발생한 대표적인 사례로 남아 있습니다.

탈리도마이드 외에도 동물 실험의 결과와는 달리 사람에게는 부작용이 생긴 약이나 인공 화학 물질이 적지 않습니다. 통계마다 조금씩 다르지만 동물 실험 결과가 인간에게 그대로 적용될 가능성은 10퍼센트도 안 된다고 알려져 있어요.

결국 동물 실험만으로 인체에 생길 부작용을 정확히 예측하기는 거의 불가능하다는 뜻이에요. 동물 실험에서 안전하다는 결과가 나왔더라도 사람을 대상으로 한 임상 시험에서 사망자가 나오는 경우가 종종 발생하는 이유도 여기에 있습니다.

그런데도 여전히 사람에게 직접 약물이나 독성 물질을 투여하기 전에 반드시 동물 실험을 거쳐야 한다고 생각하는 기업과 연구자들이 있습니다. 많은 사람을 살리기 위한 신약 개발을 하기 위해 동물 실험이 불가피하다고 믿는 거예요. 안전성 검증을 해야 하니까요.

유럽 연합은 1993년에 이미 화장품 개발에 동물 실험을 금지한다는 목표를 세웠고, 2009년부터는 유럽 연합 내에서 화장품 원료에 대한 동물 실험을 전면 금지했습니다. 우리나라에서도 동물 실험의 윤리적 문제와 과학적 한계에 대한 지적이 계속되면서 동물의 고통을 줄이기 위한 조치가 조금씩 이뤄지고 있어요.

2016년에는 화장품법이 개정되면서 동물 실험을 한 원료를 사용하거나 그렇게 만든 화장품을 유통·판매하는 것이 원칙적으로 금지됐어요. 여전히 여러 가지 한계가 있고 유럽에 비하면 매우 늦

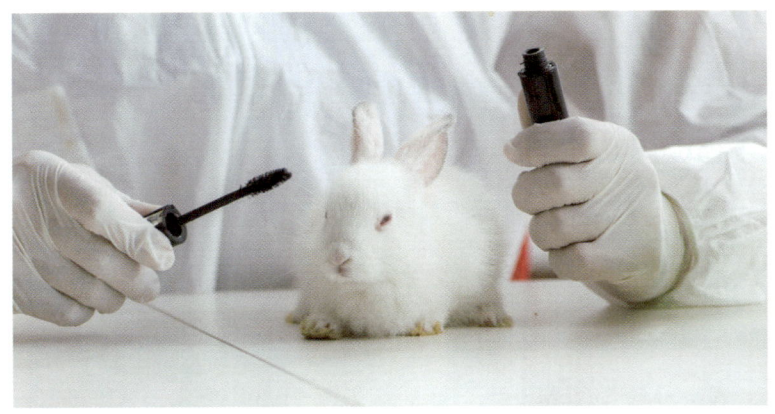
화장품과 토끼

은 조치였지만 그래도 의미 있는 진전입니다.

해외에서는 동물에게 고통을 주지 않는 '동물 대체 시험법'에 대한 연구도 활발하게 진행되고 있습니다. 2025년 4월 10일, 미국 식품 의약국FDA, Food and Drug Administration은 의약품 평가 과정에서 동물 실험을 단계적으로 대체하겠다는 계획을 발표했어요. 실험실에서 배양한 오가노이드, 사람의 장기와 유사한 '장기칩' 같은 기술이 대표적인 동물 대체 시험법으로 꼽히고 있습니다.

오가노이드는 인체 줄기세포 등을 이용해서 장기와 비슷하게 삼차원으로 배양하는 기술입니다. 또, 컴퓨터 모델링(시뮬레이션)을 통해 특정 화학 물질의 독성을 미리 예측하는 경우도 있어요.

장기칩은 동물의 생체 환경을 유사하게 본딴 칩에 세포를 배양하는 실험입니다. 이 기술은 하나의 약물이 여러 장기에 어떤 영향이 미치는지를 동시에 살펴볼 수 있는 방식이에요.

미국 환경 보호청EPA, Environmental Protection Agency도 2035년까지 포유류를 대상으로 한 동물 실험을 완전히 없애겠다는 방침을 세웠어요.

미국 정부가 이런 조치를 연이어 발표한 이유는 동물 실험보다 동물 대체 시험법이 더 안전하고 정확도가 높다고 판단했기 때문입니다. 이 방법을 활용하면 신약 개발에 드는 시간과 비용을 줄일 수 있고, 결과적으로 환자의 약값 부담도 덜 수 있습니다. 결국 동물을 위한 선택이 사람에게도 도움이 되는 것이지요.

2023년 8월, 유럽 연합도 모든 의약품 제조 과정에서 동물 실험을 단계적으로 폐지하겠다고 발표했습니다. 2024년 6월부터는 의약품 개발에 있어 오랫동안 필수 절차로 여겼던 '토끼 발열성 실험'을 완전히 폐지하기로 했어요.

이 실험은 토끼에게 약을 주사한 뒤 일정 간격으로 체온을 측정해 발열 반응이 있는지를 확인합니다. 앞으로는 이걸 중단하고 동물 대체 시험법을 활용하기로 한 것입니다.

아직은 규모가 작긴 하지만 우리나라에서도 동물 대체 시험법을 적용하는 연구 기관이나 기업이 조금씩 늘어나고 있습니다. 작은 변화가 모이다 보면 어느새 동물의 희생이 완전히 사라지는 날도 올 수 있지 않을까요?

고통받는 동물 농장

도축될 동물은 불필요한 고통을 겪어도 될까?

도축 전 돼지와 소는 어떤 모습일까요? 돼지는 눕기는커녕 앉지도 못할 정도로 밀도가 높은 통로에서 물 한 모금 마시지 못한 채서 있어야 합니다. 도축 과정 중 가축의 피를 빼는 방혈 과정을 거치기 위해 사람들이 억지로 태우는 컨베이어 벨트에 제대로 올라가지 못하는 돼지가 많다 보니, 밤새 계류장에서 공포에 질려 있는 경우도 종종 발생합니다.

트럭에서 내리다가 넘어진 소는 아무런 치료도 받지 못한 채 방치된 상태로 고통을 감내해야 하고요. 이 모든 일은 도축장에 도착한 농장 동물이 실제로 도축되기 전 겪어야 하는 현실이에요.

도축장에 도착한 소와 돼지 중 다수가 도축되기 전 불필요한 학대와 열악한 환경으로 인해 고통을 겪고 있습니다. 이에 관한 연구논문이 작성되기도 했는데요. 국내에서 도축장에 간 동물의 복지에 대해 과학적으로 연구한 첫 논문이기도 합니다.

논문에는 동물이 도축장에 도착해 차에서 내리고, 기절과 방혈 등의 과정을 거치는 동안 그들이 겪는 고통이 어느 정도인지 조사한 결과가 포함되어 있습니다.

고통 등급을 A부터 E까지로 구분해 평가한 결과, 대기 및 도축 과정에서 벌어지는 학대로 인해 소는 D, 돼지는 E에 해당하는 고통을 겪는 것으로 나타났다고 해요. A는 고통이 없는 상태, D는 심한 고통, E는 극심한 고통을 의미한다고 합니다.

도축 전에 동물이 대기하는 계류장에서 받는 고통은 D 등급으로 평가됐어요. 도축 공정 전반에서 받는 고통은 소는 C, 돼지는 D였고요. 전체적으로 봤을 때 돼지 도축장의 동물 복지가 소 도축장보다 더 열악하다는 뜻입니다.

돼지와 소는 트럭에서 내릴 때, 컨베이어 벨트에 탈 때, 도축되기 전 대기하는 시간 동안 상당한 고통을 겪는 것으로 확인됐어요. 도축장에서 아주 간단한 배려만으로도 동물 복지를 향상시킬 수 있는데, 그조차 갖춰지지 않은 곳이 많았습니다.

예를 들어 트럭에서 내릴 때 사용하는 하차대에 아주 작은 턱만 있어도 소들이 미끄러지는 걸 막을 수 있어요. 그런데 이런 사소한 장치조차 없는 경우가 많아요.

동물 복지 선진국인 유럽 연합의 경우에는 도축장 내 동물 복지 평가를 법으로 의무화하고 있지만 우리나라에서는 도축장 동물 복지가 여전히 사각지대입니다. 동물 보호법에 도축 관련 규칙이 있긴 하지만 실질적인 조사나 단속의 근거도 부족하고 평가 방법이나 주체도 명확하지 않습니다.

특히 문제가 되는 점은 돼지나 소가 과도하게 밀집된 계류장에서 먼지를 환기 할 수 있는 장치나 물을 마실 수 있는 급수 장치 없이 오랜 시간을 보내야 한다는 것입니다.

도축장에서 돼지가 컨베이어 벨트에 타지 않으려 버티는 일이 많다 보니 뒤이어 들어오는 트럭이 줄지어 서는 일이 자주 발생합니다. 그렇게 되면 트럭에 실린 돼지들은 그날 도축되지 못하고, 다음 날까지 기다려야 하는 상황도 생깁니다. 돼지들은 밤새 빽빽하게 서서 물도 못 마시고, 공포에 질려 고통스러워하는 것입니다.

실제로 도축장에 도착한 후 도축까지 걸리는 시간은 짧게는 네 시간, 길게는 열다섯 시간까지 소요된다고 합니다. 돼지들이 가능한 한 당일에 도축되도록 컨베이어 벨트 탑승을 도와주는 것이 동물을 위한 최소한의 배려가 될 수 있습니다.

소 또한 트럭에서 내리고, 계류장을 지나 기절시키는 공간으로 이동하는 동안 공포 반응이 점점 심해지는 것으로 나타났어요. 이런 과정을 줄이는 것이 소를 위한 일이지만, 실제로는 여전히 소 역시 돼지처럼 다음 날까지 방치되는 사례가 발생하고 있습니다. 특히 트럭에서 내리다가 넘어진 소는 골절 같은 심각한 부상을 입기도 합니다. 그 상태로 도축되기 전까지 계속 고통을 겪어야 하지요.

이런 상황을 개선하기 위해서는 도축장의 동물 복지와 관련된 제도를 정비할 필요가 있습니다. 단기적으로는 바닥을 미끄럽지 않은 소재로 바꾸고 동물의 밀집도를 낮추며 환기 장치를 마련하고 하차대와 컨베이어 벨트를 동물이 쉽게 오를 수 있도록 개선하는 것이 필요합니다.

비록 사람의 음식 재료가 되기 위해 목숨을 잃는 동물이라 해도 이들이 불필요한 고통을 겪으며 죽어 갈 필요는 없습니다. 동물을 사육하고 소비하는 주체인 인간에게는 이들의 고통을 줄이도록 노력할 의무가 있지 않을까요?

게다가 고통, 스트레스를 받은 동물은 병에 걸리기도 쉽고, 그렇게 생산된 고기의 품질도 낮아집니다. 인간도 더 건강한 식품을 먹을 수 없는 것이지요. 인간과 동물 모두를 위해 도축되는 동물의 고통을 줄여야 하는 이유입니다.

감옥에 갇힌 닭

태어나서부터 죽을 때까지 어두운 감옥, 그것도 몸을 움직이기도 힘든 철창 안에서 알만 낳다가 사형당하는 이 년 동안의 삶이 있습니다. 풀밭에서 자유롭게 돌아다니면서 마음에 드는 먹이를 먹고, 피를 빨아 먹는 해충을 떼어 내기 위해 모래 목욕도 즐길 수 있는 사 년 동안의 삶도 있고요.

첫 번째는 앞에서 잠깐 살펴보았던 한국 대부분의 산란계가 겪는 삶이고, 두 번째는 동물 복지 농장에서 사는 아주 적은 수의 닭이 누리는 삶의 방식이에요.

평생 알을 낳고, 누군가에게 뺏긴다는 점 그리고 언젠가 도축될 운명이라는 점에서는 같지만 두 삶 중에서 하나를 고르라면 첫 번째를 택할 이는 거의 없을 거예요. 수명만의 차이가 아니라 사는 동안 느낄 고통과 행복의 차이가 너무 크기 때문이에요. 달걀을 얻기 위해 사육되는 산란계 농장의 닭들 역시 선택할 수 있다면 두 번째의 삶을 고르지 않을까요?

그나마 산란계는 이 년에서 사 년 정도의 삶이 보장되지만, 고기를 위해 길러지는 육계는 알에서 깨어난 지 불과 6주 만에 도축당해요. 도축하지 않고 기르거나 야생에서 타고난 수명을 누리면 닭은 길게는 이십 년에서 이십오 년까지 살 수 있습니다.

닭이 인류와 함께 살게 된 건 약 4,000년 전부터라고 합니다. 꿩과에 속하는 닭은 원래 인도, 말레이시아, 미얀마 등에 살던 들꿩이었습니다.

인류가 수많은 새 중에서 닭을 가축으로 삼은 이유는 닭이 가진 몇 가지 특징 때문입니다. 다루기 쉬운 크기, 뛰어난 번식력, 암컷만 있어도 알을 낳을 수 있고, 멀리 날아가지 못한다는 점 등이 인간이 사육하기 적당한 조건이었을 것입니다. 이 덕분에 닭은 포유류가 아닌 동물 중에서 유일하게 인류에게 선택받아 양질의 단백질을 제공하는 가축이 됐어요.

현재 지구상에 존재하는 닭의 수는 약 600억 마리로, 이는 인간과 다른 가축을 모두 합친 것보다 훨씬 많습니다. 지구는 어쩌면 인류의 행성이 아니라 닭의 행성일지도 모른다고 말하는 사람들이 있을 정도이죠. 이처럼 닭의 수가 많다 보니 우리가 지금 살고 있는 지질 시대인 인류세의 증거 중 하나가 닭 뼈라는 이야기도 앞에서 했지요?

어떤 학자들은 생물의 목적이 번식에 있고, 가축은 인간에게 선택된 것이 아니라 오히려 인간을 이용해 개체 수를 늘리고 멸종을 피했다고 설명하기도 해요. 그 관점에 따르면 닭은 인간을 가장 성공적으로 활용한 생물이라고 볼 수 있지만, 이는 동물의 고통이나 행복은 전혀 고려하지 않은 내용입니다. 닭이라는 종의 존속에만 초점을 둔 시각인 것이지요.

현재의 사육 환경에서 고통받는 닭에게 사육이라는 방식으로 짧게 살 것인지, 야생에서 힘들지만 자유롭게 살 것인지 선택하라고 하면 더 많은 수가 야생을 택할지도 몰라요.

왜냐하면 공장식 축산 방식의 농장은 너무도 가혹한 공간이기 때문입니다. 앞서 말했듯 A4 용지 한 장만 한 공간에 평생 갇혀 지내면서 알만 낳다가 이 년 만에 도축되는 산란계의 삶은 정말 지옥 같다고 할 수 있어요. 햇빛 한 번 보지 못한 채 평생을 갇혀 살다 보니, 땅에 내려놔도 제대로 걷지 못하는 경우도 많아요.

게다가 사람들은 생산성을 높이려고 닭을 '알 낳는 기계'로 만듭니다. 그중 대표적인 게 '강제 환우'와 '부리 다듬기'예요.

강제 환우는 닭이 알을 더 많이 낳도록 하기 위해 빛과 먹이를 끊고, 깃털갈이를 강제로 유도하는 방식입니다. 닭은 보통 일 년에 한 번 자연적으로 깃털갈이를 하는데, 이때는 알을 거의 낳지 않아요. 생식 능력을 회복하기 위한 휴식기인 셈입니다.

그런데 아직 깃털갈이 시기가 되지 않은 닭에게 사료 공급을 멈추거나 평소보다 적게 주고, 조명도 꺼서 밤처럼 느끼게 하면 닭은 이를 계절 변화로 인식하고, 원래보다 빨리 깃털갈이를 합니다. 이후 사료와 빛을 다시 공급하면 바로 알을 낳습니다. 즉, 강제 환우는 자연적인 깃털갈이 시기를 최대한 짧게 만들어 알을 낳게 만드는 것입니다.

부리 다듬기는 닭들이 서로 쪼거나 사료를 골라 먹지 못하게 하기 위해 부리를 지지는 거예요. 인간 입장에서는 생산성 향상을 위한 방법이겠지만, 닭 입장에서는 아무 이유 없이 당하는 고문처럼 느껴질 수 있어요.

보통 닭은 알에서 깨어난 지 130일쯤 지나면 산란을 시작해요. 하지만 일 년쯤 지나면 산란률이 낮아집니다. 이때 강제 환우를 하면 다시 산란률이 높아집니다. 어떤 농장에서는 이 년 동안 세 번이나 강제 환우를 하기도 한대요. 그 기간 동안 닭은 극심한 목마름과 공포에 시달리게 되지요.

이런 맥락에서 보면 닭은 종으로서는 인류와의 공생 덕분에 번성했을지 몰라도, 각 개체의 행복은 완전히 포기했다고 볼 수도 있어요. 다행히 최근에는 일부 사람들이 동물 복지의 중요성을 인식하면서 상황이 조금씩 바뀌고 있어요. 짧은 생애일망정 본능대로

갇혀 있는 닭

행동하고, 고통을 덜 겪게 하는 동물 복지 농장이 생기고 있거든요.

2021년에 제가 방문한 경기 연천의 한 동물 복지 농장에는 비교적 자유로운 환경에서 사는 닭들이 있었습니다. 농장에 들어섰을 때 가장 먼저 눈에 띈 건 사과나무 아래에서 자유롭게 노닐며 모래 목욕을 하는 닭의 모습이었어요. 나무 그늘에서 풀을 뜯고 뒹구는 모습을 보면서 닭들의 천국이 아닐까 하는 생각이 들었습니다.

이 농장에서는 약 7,500마리의 닭을 기르고 있었는데, 3개의 계사에 각각 2,500여 마리씩을 키워요. 이곳에서 닭들은 낮에는 자유롭게 돌아다니고, 밤에는 평평한 바닥에서 휴식을 취합니다.

닭은 사료도 먹지만 떨어진 사과나 벌레, 풀 등을 직접 찾아 먹기도 해요. 계사 안에는 닭이 본능에 따라 올라가 쉴 수 있는 횟대도 있었습니다. 일반 농장이 1제곱미터당 열여덟 마리를 키우는 반면, 이 농장은 같은 면적에서 사육되는 닭의 수가 여섯 마리 정도였어요.

이렇게 동물 복지를 실천하는 농장을 인증하는 제도가 있습니다. 동물 복지 인증 제도는 2012년에 시작됐고, 인증을 받은 농장의 축산물에는 별도 표시가 붙어요. 2020년 기준 동물 복지 인증 산란계 농장은 168곳으로 전체 산란계 농장의 약 18퍼센트 수준이에요.

마릿수 기준으로는 전체 7,270만 마리 중 286만 마리가 동물 복지 농장에서 사육되고 있습니다. 육계 농장은 더 적어서 6.1퍼센트 정도만 동물 복지 인증을 받았고, 전체 육계 중 약 720만 마리가 이에 해당합니다.

동물 복지 인증을 받으려면 케이지가 아닌 평평한 바닥에서 키우는 평사 또는 풀어서 키우는 방사 방식이어야 하고, 한 마리당 15센티미터 이상의 횃대를 제공해야 해요. 사육 밀도도 1제곱미터당 아홉 마리 이하여야 하고, 강제 환우는 금지되어 있어요. 다만 닭을 놓아기르는 방목이 반드시 필요한 것은 아니라고 해요.

공장식 축산에서 닭을 단지 '알 낳는 기계'나 '고기 재료'로 여기는 반면, 동물 복지 농장에서는 각각의 개체로 존중하고 있어요. 닭도 자신을 돌보는 사람을 알아보고, 기억합니다.

사람마다 농장 동물에게 필요한 복지 수준에 대한 생각은 다를 수 있어요. 어떤 이들은 "어차피 도축당할 운명인데 복지가 왜 필요해?"라고 이야기할 수도 있고, "동물 복지 계란이나 닭고기는 너무 비싸다"라고 말하는 이도 있을 수 있습니다.

하지만 닭에게 불필요한 고통을 주어서는 안 된다고 생각하는 이도 점점 많아지고 있어요. 달걀을 보기 전에 그 달걀을 낳은 닭이 어떤 환경에 있었는지를 고민하는 사람들이 늘어나고 있는 것입니다.

달걀 껍데기에 적힌 숫자를 보면 닭이 어떤 생활을 했는지 알 수 있어요. 총 열 자리수 숫자와 영문으로 표시되는데, 앞 네 자리는 산란 일자, 그다음 다섯 자리는 생산자의 고유 번호, 마지막 한 자리는 사육 환경 번호입니다.

예를 들어 앞 네 자리의 숫자가 '0611'이라면 6월 11일에 낳은 달걀이라는 뜻이에요. 마지막 숫자는 1~4 중 하나로 구분됩니다. '1'은 방사 방식, '2'는 평사 사육, '3'은 개선된 케이지, '4'는 기존 케이지예요. 마트에 있는 대부분의 계란은 '4'입니다. 동물 복지 농장 달걀은 아직은 자주 볼 수 없지만 점차 늘어나고 있어요.

동물 복지 달걀은 먹는 사람의 기분까지 달라질 수 있게 해요. '나는 닭의 고통을 최소화한 달걀을 먹는다' '이 달걀을 통해 동물 복지 농장을 응원한다'고 생각하면, 더 큰 만족감을 느낄 수도 있습니다.

결국 소비자의 선택으로 동물 복지 농장이 늘어날 수 있습니다. 동물 복지 달걀이 마트에 계속 진열된다는 것은 동물 복지 달걀을 찾는 이들이 꾸준히 있다는 뜻이거든요. 일반 달걀 가격이 올라가면서 오히려 동물 복지 달걀과 단가 차이가 줄어들자, '이왕이면 동물 복지 달걀을 사자'고 생각하는 소비자도 늘어나고 있습니다.

여러분도 달걀을 사기 전에 아직 국내의 공장식 축산 농장에서 사육 중인 1억 5,747만 마리의 닭이 겪는 고통에 대해 잠시 생각해 보시겠어요?

빌딩 숲의 동물들

도시의 고양이들

겨울은 도시에 사는 길고양이에게 가혹한 계절입니다. 혹독한 추위를 피할 곳이 없어 야생에서 목숨을 잃는 경우도 많습니다. 경험이 적고, 체력이 약한 어린 길고양이는 얼어 죽지 않기 위해 따뜻한 자동차 속으로 파고들다가 생을 마치기도 해요.

온기가 남아 있는 자동차 보닛 속으로 들어갔다가 아무것도 모르는 운전자가 시동을 걸면 새끼 고양이는 살아남기 어렵지요. 그래서 동물 보호 단체들은 "겨울철 시동을 걸기 전에 자동차를 똑똑 두드려 주세요"라고 길고양이 보호 캠페인을 벌이곤 합니다.

특히 길고양이가 겨울을 나면서 가장 힘겨워하는 것은 '물' 부족이에요. 봄, 여름, 가을에는 그나마 빗물로 목을 축이기도 하고, 사람들이 두고 간 물을 마시면 돼요.

하지만 겨울에는 빗물이든 사람이 둔 물이든 몽땅 얼어 버려요. 저도 겨울철 집 주변에 길고양이를 위한 물을 플라스틱 그릇에 담아 둔 적이 있었지만 여간 부지런히 새로 물을 담아 주지 않는 이상 먹기 힘들게 얼어 버리기 십상이었습니다.

물뿐만 아니라 사람이 먹다 남긴 음식물을 먹는 것도 길고양이들의 건강을 해칩니다. 물도 제대로 마시지 못하는 길고양이가 염분이 많은 사람의 음식을 먹으니 신장이 빨리 망가지는 것이지요. 신장이 멀쩡한 길고양이를 찾기 어려울 정도입니다.

도시의 척박한 환경 속에 사는 길고양이의 평균 수명은 이 년 정

겨울철 길고양이

도에 불과하다고 알려져 있습니다. 고양이의 평균 수명이 십삼 년에서 이십 년이라고 하니 길고양이의 평균 수명이 얼마나 짧은지 느껴지지요?

이렇게 고통받는 길고양이 문제에 대해 고민한 이들이 찾아낸 해결책 중에 하나가 중성화 수술, 일명 TNR이에요. 성숙한 고양이를 포획Trap해 생식 능력을 없애고, 귀에 표식을 남긴 후Neuter and ear tipping, 다시 원래 장소에 풀어 주는Return 방법입니다. 여러분도 주변에서 본 적이 있을 거예요. 길고양이 중 귀가 조금 잘려 있다면 바로 TNR을 한 것이지요.

길고양이의 번식을 막아 개체 수가 줄어들면 그만큼 짧고, 고통스러운 삶을 살아야 하는 수도 줄어든다는 취지에서 나온 조치가 바로 TNR입니다. 특히 길고양이 상당수가 새끼 때 죽는다고 생각하면 번식 자체를 막는 데에는 불필요한 죽음을 줄이는 효과도 있을 것입니다. TNR이 활성화된 국가에서는 더는 새끼 고양이가 발견되지 않거나 들고양이 개체 수가 눈에 띄게 줄어든 연구 결과도 있습니다.

서울시가 2008년부터 실시한 중성화 사업도 효과를 보이고 있습니다. 정기 조사를 한 결과 2023년의 길고양이 수가 2015년보다 절반으로 줄었습니다. 특히 새끼 고양이의 수는 성묘보다 더 많이

도시의 길고양이

줄어든 것으로 나타났지요.

    TNR을 위해 길고양이를 포획하는 것은 결코 쉽지 않습니다. 동물권 단체 활동가들이 서울의 한 주택가에서 길고양이 두 마리를 포획하는 모습을 취재한 적이 있는데, 첩보 영화를 방불케 하는 신경전의 연속이었습니다.

    먼저 고양이가 좋아하는 먹이를 넣은 포획 틀을 설치하고 수십 분을 기다리자 노란 줄무늬의 길고양이 한 마리가 나타났어요. 하지만 이 고양이는 먹이에는 손도 대지 않고, 포획 틀에 들어갔다 나갔다를 반복했어요. 동네 사람이 지나가기라도 하면 신경을 곤두세웠죠. 그만큼 경계심이 컸던 거예요. 하지만 이 길고양이는 먹이의 유혹을 이기지 못하고 결국 붙잡혀 TNR을 받았어요.

그러나 좋은 뜻으로 시행되는 TNR이 오히려 멀쩡한 길고양이의 목숨을 빼앗기도 합니다. 지자체의 관리 소홀과 부주의 때문이지요.

경기도의 한 지자체 유기 동물 위탁 보호소에서는 아직 어린 고양이를 마구잡이로 잡아 TNR을 시행한 후 원래 살던 곳이 아닌 다른 곳에 고양이를 풀어 주는 일이 반복되었습니다. 이러한 행위는 수많은 길고양이의 생명을 위태롭게 만들었어요.

고양이는 매우 강한 영역 본능이 있는 동물이에요. 자신이 익숙한 공간에서는 숨을 곳, 도망갈 길을 파악하고 있지만 익숙하지 않은 장소, 처음 가 보는 장소에서는 도망칠 길을 몰라 위험에 노출될 가능성이 높습니다.

또, 먹이를 어디에서 얻을 수 있을지도 모르는 데다 다른 고양이와의 경쟁에 노출될 수도 있습니다. 비나 더위를 피할 수 있는 장소를 모르기도 하고요. 로드킬 가능성도 커지겠지요.

실제 과학적 연구 결과에서는 낯선 장소에 풀어 준 고양이의 50퍼센트 이상이 한 달 이내에 죽을 확률이 높은 것으로 나타났습니다. 이 때문에 농림 축산 식품부는 TNR 운영 지침에 '포획된 장소에 다시 방사하는 것'을 원칙으로 정하고 있습니다.

온라인 커뮤니티를 보면 길고양이와 길고양이에게 밥을 주는 '캣 맘'이나 '캣 대디'를 향한 혐오 표현이 종종 보입니다.

하지만 현실적으로 꼭 그런 분위기만 있는 것은 아닙니다. 경기도 용인시의 한 아파트에서는 '캣 맘' 주민이 길고양이에게 먹이를 주었습니다. 그러자 다른 주민이 반대하면서 주민 투표까지 열렸다고 합니다. 하지만 반대한 주민을 제외한 모든 가구가 고양이 급식에 찬성했어요.

물론 고양이를 싫어하거나 먹이를 주면 길고양이가 더 많아진다며 불만을 가지는 사람도 있어요. 드물지만 캣 맘에게 폭력을 가하는 사례도 있고요.

더욱 안타까운 건 이런 불만이 길고양이를 해치는 일로 번지고 있다는 점이에요. 그래서 때때로 눈살을 찌푸리게 하는 길고양이 학대 사건이 뉴스에 오르기도 합니다.

한국의 길고양이가 유독 사람을 무서워하고 경계하는 이유도 이런 상황 속에서 후천적으로 배운 행동일 가능성이 높습니다. 유럽은 물론 동남아시아나 일본에서도 길고양이가 사람들 사이에서 낮잠을 자는 모습을 흔히 볼 수 있어요. 한국인이 해외여행을 가서 놀라는 것 중 하나가 사람과 고양이의 친밀감이기도 하지요.

사실 서울에 길고양이가 계속 함께 살아가는 이상 불편하다는 민원이 완전히 없어지지는 않을 것입니다. 특히 음식점이 밀집한 지역에는 쥐가 많고, 길고양이가 그 쥐를 먹이로 삼기 때문에 그 수도 많아질 수밖에 없습니다.

그런데 길고양이를 싫어하는 이들이 놓치고 있는 중요한 점이 하나 있어요. 바로 길고양이는 이미 도시 생태계에서 빠질 수 없는 구성원이 되었다는 사실입니다.

실제로 과천의 한 아파트 단지에서는 일부 주민이 쥐약을 놓아 길고양이를 죽였는데, 그 뒤로 쥐가 엄청나게 늘어나는 일이 발생했습니다. 고양이가 사라지자 천적이 없어진 쥐의 개체 수가 빠르게 증가한 것이에요. 참고로 고양이 한 마리가 하루에 잡는 쥐의 수는 평균 세 마리 정도라고 알려져 있어요.

이처럼 이미 도시 생태계 내에서 사람과 길고양이가 공생하는 관계라면, 좀 더 나은 입장인 사람이 약자인 길고양이를 배려해야 하지 않을까요?

새끼 고양이를 길에서 만난다면?

가끔 길을 걷다 보면 새끼 고양이를 마주치고는 합니다. 길에서 우연히 새끼 고양이를 발견하면 '구조해서 동물병원이나 동물 보호 단체에 데리고 가야 하나?'라는 생각이 들 수 있습니다.

하지만 무턱대고 구조하는 것은 그 새끼를 불행하게 만드는 것일 수도 있어요. 저도 서울 도심에서 새끼 고양이 두 마리가 도로변 좁은 틈새에 갇힌 것을 보고, 동물 보호 단체에 전화해 상의 한 일이 있습니다. 돌아온 대답은 "먼저 어미로부터 버려진 고양이인지 지켜봐야 한다"라는 것이었습니다.

어미 고양이가 버린 새끼가 아니라면 선의로 구조했어도 둘을 강제로 이별시키는 결과를 낳을 수 있기 때문입니다.

특히 건강 상태가 좋은 새끼 고양이가 사람 눈에 잘 띄지 않는 곳에 있는 경우는 어미 고양이가 잠시 자리를 비운 것일 수 있어요. 사람이 아무리 새끼 고양이를 잘 돌보려 해도 어미보다 더 잘 보살피기는 어렵겠죠?

다만 털이 엉기성기 뭉쳤거나 눈 주변에 눈곱이 말라붙고, 건강이 안 좋아 보인다면 어미에게 버려졌을 가능성이 있어요. 건강 상태가 좋지 않은 새끼 고양이를 구조하거나 직접 기르고 싶다면 동물병원과 상의해 치료부터 해야 합니다.

길고양이를 집에 데려오고 나서는 체온 유지와 먹이 주기, 배변을 유도하는 일이 중요해요. 젖병에 고양이 전용 분유를 담아 먹여야 합니다. 새끼 고양이는 스스로 배변하기 어려우니 젖을 먹인 지 삼십 분쯤 뒤에는 솜이나 거즈에 물을 묻혀 항문 주위를 문질러 줘야 합니다. 체온 유지를 위해서 수건을 깔고, 따뜻한 물을 담은 물병을 곁에 두는 것이 좋습니다.

이렇게 열심히 새끼 고양이를 돌본다 해도 사실 새끼가 잘 성장할 확률은 높지 않아요. 어미가 버린 경우는 대부분 건강 상태가 나쁘기 때문에 더욱더 죽을 확률이 높습니다.

성체도 아닌 새끼를 돌보고 기른다는 것은 그만큼 쉽지 않은 일입니다. 동물을 좋아한다고 해서 무턱대고 입양하거나 사기보다 가족과 충분히 상의하고 동물을 잘 돌볼 수 있을지 깊이 고민해야 합니다.

개 시장과 뜬장에서의 삶

2019년 6월 25일, 폐업을 닷새 앞둔 부산 구포의 한 개 시장에서 벌어진 일입니다. 택시를 타고 온 한 60대 남성이 트렁크에서 살아 있는 개 한 마리를 꺼냈습니다. 이 남성이 향한 곳은 개고기 판매 상점이었어요. 개는 상점 뒤편의 도살장에서 목숨을 잃기 일보 직전이었습니다.

이 모습을 목격한 동물권 단체 활동가들은 개 주인과 협상한 끝에 끌려온 개를 넘겨받았어요. '대박이'라는 새로운 이름을 갖게 된

이 개는 한 동물병원에서 치료받고 나서 동물 보호 센터로 옮겨졌습니다.

대박이가 구사일생으로 목숨을 건진 구포 개 시장은 2019년 7월 1일에 육십 년 넘는 역사를 뒤로하고 문을 닫았습니다. 부산 북구청과 구포 가축 시장 상인회가 문을 닫기 두 달 전인 5월에 동물 전시와 도살을 중단하기로 합의했기 때문입니다.

2016년에 도살장을 폐쇄한 성남의 모란 시장, 현재도 운영 중인 대구의 칠성 시장과 함께 전국 3대 개 시장으로 꼽혀 왔던 구포 개 시장은 한국 전쟁 이후인 1950년대에 생겼습니다. 1970~1980년대에는 점포 수가 60~70곳에 달할 정도로 장사가 잘되었지요. 하지만 폐쇄 직전을 기준으로 개고기를 취급하는 상점의 수는 17곳으로 줄어든 상태였습니다.

국내 개고기 유통에 가장 큰 몫을 차지하던 모란 시장과 구포 개 시장의 식용견 상가가 잇따라 문을 닫은 이유는 무엇일까요? 이전과 달라진 사회 분위기가 크게 작용했어요. 음식 문화가 빠르게 달라지면서 개고기나 개소주를 찾는 사람이 급격히 줄어들었기 때문입니다.

제가 구포 개 시장에서 직접 만났던 상인 중에는 "상인들끼리는 (장사를 이어갈 수 있는 시간이) 길어야 오 년 정도 남았을 것이라고 이야기하곤 했어요"라고 말한 사람도 있었습니다.

이런 사회적 분위기를 반영하듯
이 대규모 개 시장은 최근 수년 사이
차례로 문을 닫았어요. 모란 시장은
2016년 12월 성남시와 모란 가축 상
인회가 업무 협약을 체결하면서 도살
장을 철거했고, 서울 경동 시장에서는
2019년 초 마지막 남은 도살장이 폐쇄
됐어요. 마지막까지 남은 대구 칠성 시
장 상점들도 대체로 다른 음식이나 물

개 시장의 가게 앞에 갇혀 있는 개들

건을 파는 가게로 바뀌거나 문을 닫고 있습니다.

개 농장에서 개고기로 팔리기 위해 사육되는 일명 식용견은 더없
이 비참한 환경에서 살아가요. 개 농장 개들의 대부분은 평생 목욕
도 하지 못한 채 음식 쓰레기와 배설물로 범벅이 된 철창 속에 갇혀
살다가 죽습니다.

개 농장 중에는 배설물 처리 등을 간편히 하려고 일명 '뜬장'에서
개를 키우는 경우도 많아요. 뜬장은 아래가 뚫려 있는 철창이기 때
문에 발을 디딜 데가 마땅치 않아서 서 있기도 힘들어요.

개 농장에서 사육하던 개들의 일부는 구조되어 새 주인을 찾기
도 해요. 주로 동물 보호 단체 활동가들이 농장 주인을 설득해 입양
을 보내는 것입니다. 하지만 전국에 흩어져 있는 모든 개 농장을 살

뜬장의 개들

피기에는 역부족일 수밖에 없습니다.

2024년 말에 정부가 조사한 전국 개 농장의, 이른바 식용견이었던 개의 수는 46만 6,000마리에 달합니다. 이 조사에 앞서 2024년 1월 9일에는 '개의 식용 목적의 사육·도살 및 유통 등 종식에 관한 특별법'이 국회 본회의를 통과했습니다.

이 특별법에는 식용 목적의 개 사육·증식과 도살, 개를 사용하여 만든 음식물 또는 가공품의 취득·운반·보관, 판매와 알선 행위 금지, 개 식용 종식을 위한 폐업 또는 전업에 대한 지원 근거, 개 사육 농장 신규 운영 금지 및 개 식용 종식 이행 계획서 제출·이행 등에 관한 내용이 담겨 있어요. 간단히 말하자면 개를 먹는 행위를 끝내기 위한, 즉 개 식용 종식을 위한 실질적인 조치를 하겠다는 취지예요.

국회에서 개 식용 금지법이 통과되고, 2027년부터 단속을 실시하기로 결정되었지만 식용견이었던 개들의 수가 여전히 많다는 점은 실질적으로 개를 먹는 행위가 중단될지 우려되는 부분이기도 합니다.

개 식용 관련 산업에 종사하는 이들이 이처럼 많은 것도 역시 개 식용 종식을 어렵게 만드는 장애물이에요. 관련된 업종의 운영 현황을 보면 2023년 11월 도축 업체는 34곳, 유통 업체는 219곳, 사육 농가는 1,150곳, 관련 식당, 즉 보신탕을 파는 음식점은 1,600곳에 달해요.

2024년, 정부는 2025년 2월까지 개 농장을 폐업하면 개 한 마리당 육십만 원을 지원하고, 폐업 시기가 늦어질수록 지원금 액수를 줄이는 개 사육 농가 지원책을 발표했어요. 지원금은 시간이 지날수록 줄어들어 2027년 2월 폐업하면 개 한 마리당 이십이만 오천 원이 돼요. 유통·판매 업자, 식당 등에게는 폐업 때 사백만 원, 다른 직종으로 바꾸는 전업 때 이백오십만 원을 지급하는 내용도 포함됐어요.

하지만 개 농장을 운영했던 이들로 이뤄진 '육견 업자 모임'은 이런 정부의 지원책에 강하게 반발하고 있어요. 보상액이 너무 적고,

그동안 생계를 이어 온 일을 갑자기 그만둘 수 없다는 이유예요.

설령 육견 업자 모두가 정부 지원금을 받고 폐업한다 해도 가장 큰 문제를 해결할 방안은 아직 마련되어 있지 않습니다. 바로 46만 마리가 넘는 개를 어떻게 할 것이냐는 것이지요. 정부에서는 2027년까지 개들이 자연사하면서 개체 수가 크게 줄어들 거라고 보고 있어요.

그렇지만 여전히 수십만 마리의 개를 더는 식용으로 처리할 수 없는 상태에서 개 농장에 방치될 가능성이 커요. 정부는 각 농장이 개들을 관리하도록 하겠다는 방침이지만, 돈벌이 대상조차 안 되는 개들을 개 농장이 제대로 관리하리라고 기대하기는 어렵겠지요. 현재보다 더 비참한 환경에서 죽어 가도록 만들 위험까지 존재합니다.

더군다나 이렇게 많은 수의 개를 구조할 인력이 없습니다. 구하더라도 이들을 임시 보호할 공간이나 돌볼 인력, 사료를 마련할 예산 등도 크게 부족하지요.

결국 특별법이 마련되기는 했지만 실질적인 식용 종식까지는 아직 갈 길이 먼 셈이에요. 비참한 상태로 살아가게 두느니 안락사시키는 것이 어떻겠냐는 의견이 나오기도 해요. 하지만 얼마든지 더 살아갈 수 있는 생명을 죽이는 것은 안락사가 아닌 엄연한 살처분이라는 점을 잊으면 안 됩니다.

안락사라는 명목으로 대량 살처분이 실행될 가능성은 낮지만, 이런 논의가 나온다는 것 자체가 한국 사회의 동물권이 낮다는 현실을 보여 줍니다. 이런 비극을 막기 위해서라도 정부와 동물 보호 단체, 육견 업자 모두가 머리를 맞대고 개들을 위한 길을 찾아야 합니다.

동물은 왜 죽어야 하나요?

2019년 2월, 일본 구마모토시 동물 애호 센터를 찾아갔습니다. 앞뜰에 들어서자 느긋하게 햇볕을 쬐던 삼십여 마리의 개들이 일제히 짖어 댔습니다. 안전사고 예방을 위해 목줄을 매고는 있었지만, 자기만의 공간을 확보할 수 있는 환경이었어요. 직원들이 한 마리씩 따로 산책과 목욕을 시키고, 새 주인을 찾게 될 때를 대비해 각종 교육도 시키고 있었습니다.

좁은 우리에 여러 마리가 한꺼번에 갇혀 안락사 전에 원래 주인을 찾거나 새 주인을 맞이하기만을 바라는 한국의 유기 동물 보호 센터에서는 상상하기 어려운 모습이었어요.

새롭게 보호소에 들어올 동물에게 자리를 내주기 위한 안락사는 공간과 예산 부족에 시달리는 한국과 일본의 지자체 산하 유기 동물 보호 센터의 가장 큰 고민거리예요. 한국의 경우 짧으면 10일, 길면 20일이 지날 때까지 원래 주인을 찾거나 새 주인을 만나지 못하면 안락사시킵니다.

일본에도 '노 킬no kill'을 내세운 동물 애호 센터가 있지만, 여전히 한국처럼 밀어내기식 안락사를 시키는 곳도 있어요. 일본의 동물 애호 센터는 지자체가 운영하는 유기 동물 보호 센터로서 국내의 동물 보호 센터와 같은 성격의 기관이에요.

구마모토시 동물 애호 센터는 이 같은 '자리 비우기를 위한 안락사는 어쩔 수 없는 조치'라는 기존의 관념에 대해 일본에서 처음으로 의문을 제기한 곳입니다. 2002년부터 '살처분 제로zero'를 목표로 입양과 원래 주인에게 되돌아가는 비율을 높이려고 노력한 덕분에 최근 수년간 이 센터의 안락사 수는 일 년에 열 건 안팎으로 줄어든 상태예요.

이런 이야기는 많은 주목을 받아 일본 언론에도 여러 차례 소개됐어요. 한국에도 이 센터의 사연을 담은 『이렇게 귀여운 동물을 왜 죽여야 하는 거죠?』가 출간되었습니다. 저도 이 책을 읽고 깊은 감명을 받아 구마모토 동물 애호 센터를 찾은 것이지요.

사실 2000년대 초반까지는 이곳도 일본의 다른 동물 애호 센터와 크게 다를 바 없었어요. 해마다 안락사되는 수는 이곳에 수용된 전체 개체 수의 70퍼센트가 넘는 500~1,000여 건에 달했죠. 입양되는 비율은 10퍼센트 미만이었고, 한번 보호소에 들어온 동물이 살아 나가는 비율은 20퍼센트를 넘지 못했어요.

현재 대부분의 한국 동물 보호 센터와 마찬가지로 당시 구마모토시 동물 애호 센터는 동물들에게는 사형장이었고, 그 지역에서 일하는 공무원들에게는 피해야 하는 부서로 꼽혔어요.

게다가 그때의 안락사는 요즘 사용하는 주사 방식이 아닌 가스실로 동물을 밀어 넣는 방식이었어요. 안락사 대상이 된 개를 사람이 가스실에 넣고, 이후에는 소각로에 화장을 하는 방식이었어요. 거의 매일 나치 독일의 아우슈비츠 수용소 같은 참혹한 광경을 목격해야 했던 센터 직원들의 정신적 고통도 클 수밖에 없었어요.

센터에 변화가 찾아온 것은 '더 이상 동물을 죽이고 싶지 않다'고 생각한 직원들이 변화를 모색하면서부터였어요. 2001년 부임한 후치베 도시오 소장과 마쓰자키 마사요시를 비롯한 수의사들이 일상이 된 안락사을 줄일 방법을 고민하기 시작했어요.

동물이 좋아서 수의사가 되었기에 동물을 가스실에 넣는 일이 자신들의 중심 업무라는 것에서 큰 괴로움을 느낄 수밖에 없었겠지요. 센터 직원들은 이들의 고민에 크게 공감했고, 센터는 2002년부터 살처분 제로를 목표로 삼기 시작했습니다.

우선 동물을 키우는 사람들이 쉽게 동물을 버리지 못하도록 하는 것에서부터 출발했어요. 갑자기 키우기가 어려워졌다며 센터에 동물을 무턱대고 맡기려는 이들을 설득해 계속 키울 수 있는 방법을 찾게 했습니다. 아니면 스스로 새 주인을 찾게 도왔습니다. 수용 가능한 동물의 수가 정해져 있는 상황에서 애초에 센터로 들어오는 동물을 줄여야 안락사도 줄일 수 있다는 판단에서였어요.

동물을 버리지 말자는 캠페인뿐 아니라 이름표가 없는 동물은 주인을 찾기가 어렵다는 고민에서 '미아 방지 명찰 달기 100퍼센트' 운동을 벌였어요. 구마모토시 프로 축구팀 선수들이 동참한 이 캠페인은 지역 사회에서 큰 반응을 이끌어 냈어요.

이 캠페인은 2016년 발생했던 구마모토 지진 때 큰 효과를 발휘했어요. 규모 7.3의 강진으로 길을 잃어 센터에 구조된 동물 중에 명찰을 달고 있거나, 명찰 달기 캠페인을 기억한 주인이 센터에 문의한 덕분에 대부분의 동물이 주인을 찾았어요.

2016년 한 해, 센터에 수용된 동물은 삼백육십구 마리였는데, 이 중 이백육십팔 마리가 주인에게 되돌아갔습니다. 무라카미 무쓰코 당시 센터 소장은 규모가 큰 지진으로 자신의 생활이 어려운 상황에서 동물을 찾아 나선 사람들을 보고 감동했다고 이야기하기도 했습니다.

이런 성과가 가능했던 것은 센터 직원들이 자기 시간을 희생하며 동물을 한 마리라도 더 살리려고 애쓴 덕분입니다. 태어난 지 얼마 안 된 길고양이 새끼를 돌보기 시작한 것이 대표적이지요.

앞에서도 잠깐 설명했지만 새끼 고양이는 몇 시간 간격으로 젖을 먹이고, 배변을 돕지 않으면 살아남기 어려워요. 센터 직원들은 돌아가면서 돌보았어요. 낮에는 센터에 출근해서, 저녁에는 집으로 데려가서 길고양이 새끼들을 돌보기 시작했지요. 덕분에 새끼 고양이의 생존율과 입양률이 크게 높아졌습니다.

물론 행정 기관이기 때문에 수용 능력을 넘어설 정도로 동물 수가 늘어나면 어쩔 수 없이 안락사를 시킬 때도 있습니다. 입양률이 낮은 대형견은 다른 작은 동물에 비해 센터에 오랫동안 머뭅니다. 이런 개들의 수가 계속 늘어나는 것이 센터의 수용 능력이 한계에 달하는 원인이 되고 있어요. 이때도 직원 전체가 함께 논의해서 안락사 여부를 결정하고, 신중하게 대상을 선정합니다.

더는 과거 대량 살처분의 상징인 가스실과 소각로는 사용되지 않아요. 다만 교육 목적으로 보존하고 있습니다.

센터는 입양을 활성화하려는 노력을 기울이면서도 입양된 동물이 다시 버려지는 일을 막기 위해 매우 까다로운 절차를 정해 놓았습니다. 동물을 입양하고 싶은 사람은 매주 수요일 열리는 입양 교육에 반드시 참석해야 합니다.

또한 입양 동물에게 건강 진단을 실시할 수 있는지부터 주거 형태, 가족 구성, 동물 사육 경험, 집 주변에 동물 병원이 있는지, 자신이 특별한 사정이 있을 때 동물을 맡을 제2의 양육자가 있는지 등의 항목이 적힌 질문지도 작성해야 해요. 입양 후에는 동물이 잘 지내고 있는지 센터에 지속적으로 보고해야 합니다.

무라카미 소장은 키우지 않는 것도 동물을 사랑하는 훌륭한 방식이라고 말합니다. 강아지나 고양이 등 반려동물을 키우고 싶어 하는 이들이 명심해야 하는 말이지요. '동물을 키우기 어려운 상황의 사람이 반려동물을 입양하지 않도록 하는 것도 유기 동물을 줄이는 중요한 예방 수단'이라는 무라카미 소장의 말을 깊이 새겨들으면 좋겠습니다.

곤충 대발생의 시대

러브버그, 대벌레, 팅커벨……. 서울 은평구와 잠실 야구장, 인천 계양산 등에서 때마다 대발생하는 곤충들이에요. 특히 초여름 도심에 이 곤충들이 대량으로 출현하면서 혐오감을 드러내는 사람도 많았습니다.

사실 한두 마리나 십여 마리 정도까지만 볼 때는 별다른 느낌을 받지 않을 수 있습니다. 하지만 이런 곤충을 수백수천 마리씩 보면 놀라거나 징그러울 수 있어요. 유독 곤충을 싫어하지 않는다고 해도 말이에요.

'러브버그' 붉은등우단털파리

붉은등우단털파리의 경우 두 개체가 쌍을 이뤄 꼬리 부분을 맞대고 있는 모습 덕에 '러브버그'라는 이름이 붙었어요. 동양하루살이는 몸집에 비해 큰 날개 덕분에 동화 『피터 팬』 속 요정의 이름인 '팅커벨'이라는 별명이 붙었어요. 잠실 야구장에서 야간 경기를 할 때 관중석은 물론 선수들이 경기를 하는 그라운드에서 수백수천 마리가 날아다니는 모습이 화제가 된 적도 있습니다.

붉은등우단털파리는 중국 남부 지방과 대만에 주로 분포하던 곤충입니다. 1996년 일본으로 건너갔고 2015년에는 오키나와에서도 발견됐어요. 국내에서 최초로 발견된 것은 2018년 인천에서였어요. 기후 변화로 기온이 상승한 탓에 한반도에서도 서식이 가능해져서일 것입니다. 붉은등우단털파리보다 앞서 대발생했던 대벌레 역시 기온 상승으로 부화율이 높아져 개체 수가 증가했을 가능성이 있어요.

특히 붉은등우단털파리는 2022년 은평구 진관동을 중심으로 대발생했고, 이후 서울 내 다른 지역으로 퍼졌어요. 동양하루살이는 서울 송파구의 잠실 야구장 및 탄천 주변과 성동구 성수동, 경기도 남양주시 덕소 등에서 많이 발견됐습니다.

그러다 보니 자치구나 서울시 등에 민원을 제기하는 사람도 부쩍 늘어났어요. 붉은등우단털파리와 동양하루살이 관련 민원은 해가 갈수록 늘어나고 있습니다.

민원이 늘어나자 대발생한 곤충을 관리하고 병충해를 예방할 필요가 있다는 주장이 나타났고, 급기야 서울시 의회에서는 '서울시 대발생 곤충 관리 및 방제 지원에 관한 조례'가 발의됐어요. 대발생한 곤충을 없애는 것을 허용하기 위한 조례라고 볼 수 있지요.

하지만 이 조례는 제정되자마자 큰 반발을 불러일으켰어요. 환경 단체와 일부 전문가는 대발생했다고 해서 무턱대고 없애는 것은 지나치게 인간 중심적인 사고라고 주장했어요. '곤충 데스노트'가 될 조례에 반대한다는 주장은 특히 계절적으로 발생하는 곤충이 해충이 아니라는 점에서 사람들의 동의를 얻고 있습니다.

심지어 서울시 의회에서 조례가 제정되기 전에 작성된 조례안 심사 보고서에도 붉은등우단털파리와 동양하루살이가 해충이 아닌 익충으로 알려져 있다는 내용이 포함되었어요.

붉은등우단털파리는 유충 시기에는 썩은 낙엽을 분해하고, 성충 때는 꿀벌처럼 꽃의 수분을 돕는 곤충이에요. 생태계 유지에 크게 기여하는 곤충인 것입니다.

동양하루살이 역시 유충 때는 하천의 유기 물질을 먹어 치우는 곤충이에요. 깨끗한 물에 살기 때문에 수생태계가 건강하다는 사실을 나타내는 종이죠.

지자체로서는 많은 민원이 제기되는 만큼 대발생하는 곤충을 그대로 두기가 곤란할 거예요. 하지만 이 곤충들이 대발생하는 시기가 일 년에 겨우 1~2주 정도인 것을 감안하면 예산과 인력을 들여 곤충을 없애겠다는 방제 작업이 효율적인지 의문이 제기되는 것도 사실이에요. '약 먹고 쉬면 일주일 만에 나을 감기를 병원에서 주사를 맞았더니 7일 만에 나았다'는 우스갯소리처럼 의미 없는 일이 될 거라는 말입니다.

게다가 환경 단체와 전문가는 인위적인 화학적·물리적 방제가 생태계의 균형을 깨뜨릴 가능성에 대해서도 우려하고 있어요. 러브버그나 팅커벨처럼 생태계에 이로운 곤충을 사람들이 불편하다는 이유만으로 방제했다가 오히려 더 큰 생태적 재앙이 일어날 수도 있습니다.

다른 곤충들이 대발생할 수도 있는데, 그때마다 화학적·물리적 방제 방법으로 해결하는 것은 불가능하다는 말도 나오고 있어요.

사실상 이 곤충들만 골라서 죽이거나 인간을 포함한 다른 생태계 구성원에게 해를 끼치지 않는 친환경적 방제 방법은 존재하지 않아요.

　더욱이 기후 위기와 환경 파괴로 인한 생물 다양성 붕괴라는 위기에 처한 인류 그리고 한반도 거주민의 입장에서는 가능하다면 특정 종을 골라서 없애는 선택지는 피해야 합니다.

　더 근본적으로는 대발생한 곤충에 대한 방제가 한국 사회의 생명 존중 의식을 망가뜨리고, 곤충에 대한 공포와 혐오감을 키운다는 주장도 있습니다. 일 년에 겨우 며칠 보기 싫다고 없애는 방식의 생태계 관리는 결코 지속 가능할 수 없다는 점을 반드시 기억해야 합니다.

멸종 위기 생물을 지켜 주세요

야생 동물을 대하는 태도

흰목물떼새는 주로 강가의 모래밭이나 자갈밭에서 번식하는 텃새예요. 한반도와 중국, 일본, 동남아시아 일부 지역에서 서식하지요. 세계 자연 보전 연맹IUCN, International Union for Conservation of Nature은 흰목물떼새를 멸종 위기종 목록인 '적색 목록Red List'에서 '관심 필요'를 의미하는 LC Least Concern 등급으로 분류하고 있어요. 현재 전 세계에 최대 1만 7000마리가 남아 있는 것으로 추정하고 있습니다.

이 새는 과거 한반도 곳곳의 하천 모래톱에서 어렵지 않게 볼 수 있었어요. 흰목물떼새라는 이름은 목과 배의 선명한 흰색 때문에

흰목물떼새 수컷

붙었습니다. 이 새는 전국 하천에서 이뤄진 개발 사업으로 모래톱이 빠르게 사라지면서 위기를 맞게 되었어요.

특히 4대강 사업은 낙동강 등에 서식하던 새에게 치명적인 영향을 끼쳤습니다. 낙동강 상류에서 갈라지는 내성천이 국내에서 유일하게 남은 집단 번식지로 꼽히지만 이곳 역시 영주 댐으로 인해 생태계가 빠르게 훼손되고 있어요.

멸종 위기 종인 흰목물떼새는 또 다른 어려움을 겪고 있습니다. 바로 멸종 위기종이라 서울에서는 모습을 보기 쉽지 않은 흰목물떼새와 둥지를 카메라에 담으려는 사진가들 때문입니다. 봄철 서울 도심을 관통하는 중랑천에서는 포란과 새끼 돌보기에 여념이 없어야 할 흰목물떼새들이 이런 불청객 때문에 힘든 나날을 보낼

때가 있습니다.

특히 흰목물떼새와 둥지에 지나치게 가까이 접근해 사진을 찍는 사람들이 있어요. 이들은 물가에 바짝 다가서서 촬영을 하는 것은 물론 중랑천에 직접 들어가서 사진을 찍는 행동조차 서슴지 않습니다.

이런 사람들 때문에 불안감을 느낀 일부 흰목물떼새가 자신의 알을 포기하는 일마저 발생했어요. 제대로 알을 품지 못하면서 새끼가 알에서 깨어나지 못하는 상황까지 일어났지요. 사람들의 인기척과 사진 찍는 소리가 알을 포기하게 만든 것입니다.

현장 활동가들이 수시로 중랑천에서 감시 활동을 하면서 물가에 지나치게 가까이 다가가지 말라고 주의를 줘도 효과는 없었습니다. 활동가들의 모습이 안 보이면 다시 물가로 접근하는 일이 반복된 것이지요.

활동가들이 관할 구청에 연락하면서 구청 직원이 나와서 경고하기도 했지만 소용이 없습니다. "환경부 지정 멸종 위기 야생 생물을 보호하고, 멸종을 예방하기 위하여 번식 기간인 3월 초~6월 말까지 하천 가까이 출입을 삼가 주세요"라고 쓰여진 도봉구청 환경 정책과의 안내판도 아무 위력을 발휘하지 못했어요. "자연과 사람이 공존하는 지구 환경을 위해 적극 협조 부탁드립니다"라는 호소도 무용지물이 되어 버렸지요.

이 사진가들 중 일부는 수많은 사람이 중랑천의 자전거 도로와 인도를 오가는데 왜 유독 자신들만 탓하느냐고 할지도 모르겠습니다. 하지만 많은 시민이 오가는 중랑천의 자전거 도로와 인도에서 흰목물떼새들의 터전인 모래톱까지는 10미터 이상 떨어져 있어요.

사람들이 일부러 물가에 가까이 가거나 하천 내로 들어가지 않으면 흰목물떼새나 꼬마물떼새는 크게 신경 쓰지 않고, 알을 돌보거나 먹이 활동을 해요. 이렇게 지나다니는 사람에 상관없이 제 할 일을 하던 새들이 불안감을 느낄 정도라는 점에서 사진가들의 행동이 얼마나 심각했는지를 짐작할 수 있습니다.

이런 일부 사진가들의 행태는 중랑천뿐 아니라 전국 곳곳의 희귀 동식물 서식지에서 반복적으로 발생하고 있습니다. 2016년 3월에는 경기도 안산시 시화호 인근의 한 섬에 서식하던 수리부엉이와 새끼들이 수난을 겪은 적도 있었어요. 중랑천 흰목물떼새의 경우와 마찬가지로, 역시 사진을 좀 더 잘 찍겠다는 인간의 탐욕이 빚은 결과였어요.

그해 3월 23일 밤, 안산시 공무원들이 신고를 받고 현장에 나갔을 때, 사진 동호회 회원 대여섯 명이 플래시를 터뜨리며 수리부엉이를 촬영하고 있었습니다. 절벽에 자리한 둥지를 가리고 있던 나뭇가지들은 모두 잘려 나간 상태였어요.

그때 공무원과 자원봉사자가 촬영을 제지했지만, 사진 동호인들은 자신들이 나무를 자른 것이 아니며 문화재청(현 국가유산청) 허가를 받아 촬영하는 것이라고 주장하면서 오히려 당당한 태도를 보였다고 합니다.

이들은 결국 법원으로부터 벌금형 처벌을 받았어요. 검찰은 문화재를 훼손한 혐의로 정식 재판 없이 벌금형을 내려 달라고 기소했습니다. 검찰이 야생 동물을 야간 촬영한 이들을 문화재 보호법에 따라 기소한 것은 이때가 첫 사례였어요.

2022년에는 경기도 가평시 명지산 부근에서 멸종 위기종이자 희귀 식물인 광릉요강꽃 자생지가 훼손되는 사건도 발생했어요. 자생지는 사람이 심지 않아도 식물이 스스로 자라는 곳을 말합니다.

광릉요강꽃의 야생화가 피었다는 입소문이 퍼지면서 사진가가 몰려든 탓에 이 꽃 주변에 공터가 생기고 말았어요. 사진을 잘 찍겠다며 나무를 자르고, 바닥의 돌까지 치운 탓이었지요. 이 와중에 광릉요강꽃 한 개체가 사람의 발에 밟혀 꺾인 채 발견되었고, 광릉요강꽃 군락지에서 훼손된 꽃들도 여럿 확인됐어요.

일부 사진가들은 희귀한 식물을 발견한 경우 사진을 찍은 뒤 일부러 짓밟기도 한다고 해요. 다른 사진가가 자신이 찍은 식물의 사진을 촬영하지 못하게 하려는 의도입니다. 사진에 대한 비정상적인 욕구가 이성을 마비시킨 것이지요.

이 같은 훼손을 방지하기 위해 국립 공원 공단에서는 희귀 식물

멸종 위기종인 광릉요강꽃

인 태백산의 나도범의귀, 덕유산의 광릉요강꽃 군락지를 철조망과 CCTV로 보호하며 사람들의 접근을 막고 있어요.

전문가와 환경 단체 활동가들은 이 같은 그릇된 촬영 행태를 막기 위해서는 국립 공원 공단처럼 엄격한 조치를 취해야 한다고 주장합니다. 흰목물떼새 등 멸종 위기 동물을 위한 보호 구역을 만들고, 생태계에 해를 끼치는 이들에 대한 처벌을 강화해야 한다는 것입니다.

이는 반드시 필요한 조치이지만 이것만으로 모든 문제가 해결되지는 않아요. 사회적인 인식 전환을 통해 사진가들 내부에서 먼저 자정 작용이 일어나는 것이 근본적인 해법이 될 것입니다.

자신이 찍으려는 대상이 조류든 꽃이든, 피사체이기에 앞서 살아 있는 생물이자 우리가 지켜야 할 자연이라는 점을 한 번 더 생각하는 사람이 점점 더 많아지기를 기대해 봅니다.

순천만 흑두루미 실종 사건과 조류 인플루엔자

한반도 남쪽 끝, 전라남도 순천은 '만학萬鶴의 도시'라고 불려요. 순천만을 찾은 겨울 철새인 흑두루미의 수가 1만 마리에 가깝게 늘어난 덕분입니다.

흑두루미는 천연기념물 228호이자 겨울철 한반도와 일본 등지에서 겨울을 나는 멸종 위기 철새예요. 예전에는 '천학千鶴의 도시'라는 별명이 있었는데 이제는 바뀐 것이지요. 2015년 10월 처음으로 1,000마리를 기록한 이후 순천만을 찾은 흑두루미 수가 늘어난 덕분입니다. 순천시에 매우 영광스러운 별명이라고 볼 수 있어요. 2002년 백이십일 마리가 관찰됐던 이후로 무려 80배 이상 증가했기 때문입니다.

흑두루미 수가 늘었다는 것은 순천만의 생태계가 많은 수의 흑두루미에게 먹이를 공급할 수 있을 정도로 생물 다양성이 풍부해졌다는 의미이기도 합니다. 순천시와 시민 단체가 함께 서식 환경

멸종 위기종인 철새 흑두루미

을 보전하고 개선하기 위해 노력했고, 정부가 이를 도운 결과이기도 해요.

순천이 먼저 '천학의 도시'가 될 수 있었던 데에는 순천시가 시행한 '야생 동물에게 친절한 행정'이 큰 역할을 했어요. 지상에 있는 전봇대와 전선은 조류에 큰 위협이 됩니다. 그래서 2009년, 순천시는 흑두루미가 부딪혀 다치는 걸 막기 위해 대대적으로 전봇대를 철거했어요. 전봇대 282개를 뽑고, 논에 먹이를 남겨 두는 등의 세심한 노력을 기울였습니다.

국립 생태원은 2015년 12월 국제 두루미 포럼에서 철원의 민통선 인근 지역에서 2000년부터 2014년 사이에 전선이나 철책 등에 부딪혀 죽거나 다친 두루미류가 서른일곱 개체에 달했다고 발표했습니다.

철원을 찾는 전체 두루미류가 3,000여 마리쯤 된다는 점을 감안한다면 적지 않은 수치예요. 게다가 이들 대부분은 유조(어린 새)였고, 사람이 발견하지 못했거나 독수리 등이 사체를 먹었을 경우까지 고려하면 더 많을 수 있다고 해요. 두루미는 비무장 지대에서 잠을 자고, 아침에 민통선 인근 농경지로 넘어왔다가 저녁에 다시 돌아가야 하기 때문에 하루에 두 차례 이상 전선을 넘나들어야 합니다. 그만큼 위험성이 높아지는 것입니다.

2022년 11월 21일 새벽, 순천만에서는 총 9,841마리의 흑두루미가 관찰됐어요. 하루 동안 관찰된 수로는 역대 최다였습니다. 같은 달 13일에는 3,950마리, 17일에는 4,323마리, 18일에는 7,192마리로 빠르게 증가했어요.

그런데 흑두루미 수가 1만 마리에 가까워지자 순천시는 물론 환경부와 관계 기관, 조류 전문가들까지 초긴장 상태가 되었습니다. 그 이유는 일본 규슈 이즈미에서 이미 퍼졌고, 국내에서도 감염된 조류가 서서히 늘어나고 있던 조류 인플루엔자 때문이었어요.

이즈미는 매년 흑두루미 약 1만 2,000마리, 재두루미 2,000마리 정도가 겨울을 나기 위해 찾는 세계적인 두루미 월동지예요. 전 세계 흑두루미 개체 수의 절반 이상, 재두루미는 약 30퍼센트가량이

겨울철마다 이곳에 몰리고 있어요. 흑두루미는 전 세계에 약 1만 7,000마리, 재두루미는 약 7,000마리만 남아 있습니다.

저도 이즈미를 한 번 방문한 적이 있는데, 이렇게 많은 수의 두루미류를 한꺼번에 볼 수 있는 곳이 드물다고 해요. 전 세계의 조류학자나 탐조가들이 일본의 이 작은 도시를 찾는 이유지요.

그런데 2022년에 이곳에서 조류 인플루엔자가 급속도로 확산됐어요. 조류 전문가에 따르면, 2022년 11월에 이즈미에서는 흑두루미와 재두루미 폐사체가 총 오백구십오 마리가 발견되었습니다.

그중 전염성과 폐사율이 매우 높은 고병원성 H5N1 바이러스에 감염돼 폐사한 개체는 칠십칠 마리였고, 최근 폐사한 이백십구 마리에 대해서는 검사가 진행 중이었어요. 이즈미에서는 매일 사체가 발견되는 상황이었다고 해요.

이런 상황에서 순천시와 조류 관련 전문가들이 긴장한 이유는 갑자기 순천으로 이동한 흑두루미 무리가 이즈미에서 온 개체일 가능성이 크기 때문이었어요. 다시 말해 이즈미의 조류 인플루엔자를 피해 '피난' 온 두루미들일 수 있다는 거예요.

조류는 서식지나 월동지에 위험이 있다고 느끼면 그 지역을 떠나려는 성향이 강합니다. 전문가들은 이즈미 지역에서 다른 개체가 빠르게 죽어 가는 걸 보면서 흑두루미들이 위험을 느끼고 바다를 건너 한반도로 이동했을 것이라고 설명합니다.

실제 전문가들의 우려대로 순천만에서도 이즈미만큼 빠르지는 않지만 흑두루미 폐사체가 잇따라 발견됐습니다. 순천만에서는 2022년 11월 13일부터 22일 오전까지 흑두루미 폐사체 19구가 발견됐어요. 환경부는 국내 가금 농장에서는 총 19건(고병원성 18건, 검사 중 1건), 야생 조류에서는 총 47건(고병원성 36건, 저병원성 3건, 검사 중 8건)의 감염 사례가 확인됐다고 발표했습니다.

사실 이즈미에 지나치게 많은 흑두루미가 몰리는 것에 대한 걱정은 예전부터 나오고 있었습니다. 1만 마리가 넘는 흑두루미가 월동하는 이즈미에서 조류 인플루엔자가 발생하면, 흑두루미 전체 종의 생존이 위협받을 수 있어요. 흑두루미의 멸종을 막기 위해서는 다른 월동지가 필요합니다.

2010년대 초반부터 순천만을 찾는 흑두루미 수가 늘어나고, 2015년 '천학의 도시'라는 별명이 생기자 일본 이즈미의 관계자와 조류 전문가들이 이를 반겼던 이유도 여기에 있어요. 이즈미에 몰리던 흑두루미 수가 분산된다는 건 조류 인플루엔자가 퍼졌을 때 위험이 줄어든다는 의미이기 때문이에요.

흑두루미의 조류 인플루엔자 피해를 줄이기 위해서는 4대강 사업으로 중간 기착지 기능을 잃어버린 낙동강을 이전처럼 회복시키는 일도 꼭 필요해요. 4대강 사업 이후 낙동강 변의 대규모 습지와 모래톱이 파괴되면서 낙동강을 찾는 흑두루미 수가 크게 줄었어요.

2018년 10월부터 2019년 2월 10일 사이, 낙동강 해평과 강정 습지를 찾은 흑두루미는 겨우 스물세 마리에 불과했어요. 2012년부터 2016년까지 한 해 평균 1,406마리였던 것과 비교하면, 1.6퍼센트 수준밖에 안 되는 수치예요.

일본에서도 4대강 사업으로 낙동강이 중간 기착지 기능을 잃은 것에 대해서 우려를 표했어요. 제가 2019년 이즈미를 방문했을 때 만난 이즈미시 두루미 박물관의 하라구치 유코 관장은 두루미들이 쉴 곳 없이 바로 번식지로 가게 될까 봐 걱정된다고 말했어요. 그는 순천만이 흑두루미의 새로운 월동지가 되는 것은 조류 인플루엔자 같은 전염병으로 개체 수가 급격히 줄어들 위험을 분산시킬 수 있어 좋은 현상이라고도 덧붙였습니다.

이즈미에 이어 순천에서도 조류 인플루엔자가 퍼져 흑두루미 수가 급감하지 않도록 하려면 순천만뿐만 아니라 흑두루미가 월동할 수 있는 지역을 더 늘려야 해요. 아직은 순천만이 1만 마리에 달하는 흑두루미를 온전히 감당할 수 있는 환경이 아니기도 합니다.

현재 이즈미나 순천만까지 내려왔던 흑두루미는 다시 북상할 때, 중간 경로인 충청남도의 천수만이나 일부 개체가 월동하는 경상남도의 주남 저수지 같은 지역에서도 충분한 먹이와 안전한 잠자리를 제공한다면 이즈미와 순천만에 몰리는 것을 분산시킬 수 있을 거예요.

그렇다면 한 번 발생하면 조류에 커다란 피해를 입히는 조류 인플루엔자는 어떻게 막을 수 있을까요?

여러분도 한반도에서 태풍으로 인해 인명과 재산 피해가 자주 발생한다는 사실은 잘 알고 있죠?

기상청 일기 예보에 따라 국민들은 태풍이 북상하면 어선을 내항으로 대피시키고, 축대를 보강하고, 유리창에 신문지나 테이프를 붙여 유리의 파손을 막기도 하죠. 천재지변인 태풍을 탓할 시간에 미리 대비하는 것이 더 효율적이기 때문이에요.

그런데도 조류 인플루엔자나 구제역처럼 잊을 만하면 반복되는 사안에 대해서는 대비가 소홀한 것이 현실입니다. 가금 농장이나 양돈 농장에서 이들 감염병이 언제든지 발생할 수 있다는 사실을 알고 있음에도 말이에요.

조류 인플루엔자를 태풍 같은 천재지변에 비유하는 이유는 이동성 야생 조류, 즉 철새는 조류 인플루엔자 바이러스를 보유하고 있는 경우가 많은데, 이들의 세계적인 이동을 막을 방법은 없기 때문이에요.

주로 북극권에서 철새 사이에 일어나는 바이러스 전파를 차단할 방법이 없는 상황에서 철새로부터의 조류 인플루엔자 발생은 인간이 통제가 불가능하다고 여기고 방역 대책을 세워야 합니다.

조류 인플루엔자 발생은 한국, 중국, 일본 같은 동북아 국가뿐 아니라 전 세계적인 문제입니다. 그럼에도 유독 한국에서만 대량 살처분이라는 지속 가능하지 않은 대응이 반복되고 있어요.

정부는 조류 인플루엔자의 전파 주범으로 야생 조류를 지목하지만 한국에서의 대규모 조류 인플루엔자 발생은 사람에 의해 일어나는 재앙, 즉 인재人災에 가깝다는 지적도 있습니다.

특히 철새에 대한 한국의 태도는 일본이나 유럽의 대응과 극명한 차이를 보여 줘요. 다른 국가에서는 조류 인플루엔자 양성 여부를 확인하기 위해 일부러 야생 조류를 포획하는 경우가 거의 없어요. 폐사하거나 구조된 개체를 중심으로 검사를 진행하고, 이를 통해 감염 여부를 확인하고 있기 때문이에요.

건강한 야생 조류는 조류 인플루엔자 바이러스를 보유하고 있더라도 대부분 이를 이겨 내고 살아남는 경우가 많습니다. 마치 우리가 감기에 걸렸다고 해서 모두 사망하는 것이 아닌 것처럼요.

하지만 한국은 달랐어요. 야생 조류는 물론이고, 포천에서 양성 사례가 처음 나왔을 때는 고양이까지 무차별적으로 포획한 적도 있었습니다. 유럽이나 일본에서는 수변 공원에 많이 서식하는 고니류를 중심으로 한국보다 더 많은 동물이 죽기도 했지만, 이들을 조류 인플루엔자 전파의 주범으로 몰아붙이지는 않았어요.

국제기구들도 철새를 전염병의 주범으로 지목하며 서식지를 파괴하거나 소독하는 행위에 대해 경고했습니다. 유엔 식량 농업 기구FAO, Food and Agriculture Organization of the United Nations는 각국에 보낸 권고문에서 "서식지를 파괴한다고 해서 야생 조류의 바이러스를 통제할 수 있는 효과는 없다"라고 명확히 밝혔어요.

또한 서식지에 소독제를 뿌리는 것은 오히려 역효과를 불러올 수 있고, 질병을 통제하는 차원에서도 효과적이지 않다고 지적했어요.

야생 조류는 떼죽음 당할 경우 큰 문제가 되겠지만 대부분의 경우에는 자신만 죽고, 다른 개체에게 전파는 하지 않고 끝나는 경우가 많다고 해요.

결국 조류 인플루엔자 방역의 핵심은 야생 조류가 농장의 동물과 접촉하지 않도록 차단하는 데 있어요. 하지만 우리나라는 아직까지 이런 장기적인 대책에는 큰 관심을 보이지 않고 있는 현실입니다.

철새 도래지와 너무 가까운 가금 농장은 다른 곳으로 이전하고, 철새들이 먹이를 찾아 마을까지 내려오지 않도록 철새 먹이 주기 정책과 함께 서식지 보전 대책도 필요해요. 하지만 이 같은 근본적 처방은 실시되지 않는 경우가 대다수입니다.

산양 KG의 험난한 하루

2024년 3월 21일은 한 산양에게 있어 매우 힘들고 지쳤던 날로 오래오래 기억될지도 모르겠어요. 강원도 화천·양구군 민통선 부근에 살고 있던 산양 'KG(한국 산양의 영어명 Korean long tailed goral에서 따온 이니셜)'는 햇볕이 따스하게 비췄던 이날 다른 산양 한 마리와 함께 남사면 쪽으로 내려왔어요. 아마도 가족과 함께 먹이를 찾아 나선 것이겠지요.

언젠가부터 인간이 세운 울타리로 인해 남사면으로 내려가는 길을 찾기가 쉽지 않았어요. 겨우겨우 찾아낸 좁은 구멍을 통해 빠져나온 KG와 가족은 나들이라도 가는 것처럼 즐거운 기분이었을지도 모르겠어요.

이 산양들은 기나긴 겨울이 끝나 가고, 먹잇감이 풍부해지는 봄이 오는 것을 느끼면서 소풍이라도 나온 듯 봄볕을 즐겼을 거예요. 이때만 해도 KG는 이날 자신이 겪게 될 일을 전혀 예상하지 못했지요.

악몽의 시작은 다시 숲으로 돌아가는 길을 찾지 못하면서부터였어요. KG는 도무지 아까 숲에서 빠져나올 때 이용했던 구멍을 찾아낼 수가 없었어요. 초조해진 KG 일행은 앞쪽으로 또, 반대 방향으로도 뛰어갔지만 아무 소용이 없었습니다. 사람들이 아프리카 돼지

열병ASF, African Swine Fever을 막으려
고 만든 울타리는 산양들에게 자
신을 위협하는 끝없이 이어지는
거대한 장벽처럼 느껴졌을 것입
니다.

산양 KG와 그의 가족

KG에게는 자신이 달리는 방향
이 평화의 댐 방향이라거나 양구
군 방향이라는 것은 아무 의미가
없었습니다. 숲으로 돌아갈 길을 막은 울타리에 딱 붙어 달리면서
빈틈을 찾았지만 아까 빠져나온 것 같은 구멍은 어디에도 없었으
니까요. 가끔씩 빠른 속도로 지나가는 거대한 쇳덩이(차량)를 보면
서 산양이 느끼는 공포심은 점점 커졌을 거예요.

이렇게 한참을 헤매던 KG 일행은 겨우 희망의 빛을 발견했어
요. 한참을 달린 끝에 개울과 마을로 인해 아프리카 돼지 열병 울타
리가 끝나는 지점을 찾은 것입니다. 이 순간에 KG 일행은 아마도
안도의 한숨을 쉬었겠지요.

하지만 이날 KG가 겪은 수난은 여기서 끝나지 않았어요. 숲으
로 돌아가려는 찰나, 마을 주민이 키우는 개들이 따라오면서 새로
운 고난이 시작되었거든요. KG와 함께 산에서 내려온 가족은 재빨

리 개울을 건너 숲으로 뛰어 들어갔어요.

하지만 KG는 개울을 건너는 사이 개들에게 잡혔습니다. 그리고 곧 개 한 마리와 대치하게 되었어요. 평상시 같으면 개가 짖는 것에 크게 신경 쓰지 않았을 수도 있어요. 짖거나 말거나 빠르게 도망쳤을지도 모르지요.

하지만 극도의 공포 속에서 한참을 헤맨 탓에 잔뜩 신경이 곤두선 KG는 자신을 향해 마구 짖는 개를 그냥 두고 볼 수 없었습니다. KG가 연신 발을 구르며 위협을 해 봤지만, 개는 아랑곳하지 않은 채 그의 주위를 맴돌면서 맹렬히 짖어 댔어요. 자신의 절반 정도 덩치밖에 안 되는 개가 마구 짖는 소리에 약이 오를 대로 오른 KG는 계속해서 개에게 성질을 부렸어요.

개도 만만치 않았습니다. 돌아오라는 주인의 외침도 무시한 채 계속 KG를 위협했어요. 둘의 대치가 끝난 것은 두 시간이 지나서였고, 지칠 대로 지친 KG는 무거운 몸을 이끌고 숲으로 돌아갔습니다. KG에게 그날은 그야말로 힘든 하루였을 거예요.

KG의 기분에 대한 서술은 제가 상상한 것이지만, KG가 겪은 일은 직접 눈으로 관찰했던 내용입니다. 이처럼 힘든 하루를 겪은 KG였지만 사실 2023~2024년 겨울, 한국에 살던 많은 산양이 겪은 일에 비하면 KG는 매우 운이 좋은 편이었을지도 모릅니다.

KG의 동족인 천연기념물이자 멸종 위기 포유류 산양 중 팔백 마리에 가까운 수가 그해 겨울을 넘기지 못하고 죽어 갔습니다. 아프리카 돼지 열병 차단 울타리와 폭설의 영향 때문이었지요.

특히 2019년 아프리카 돼지 열병 차단 울타리가 강원도 지역에 본격적으로 설치된 이후 울타리

폭설로 죽은 산양

영향으로 죽은 산양의 수는 1,000마리를 넘어섰어요.

이렇게 많은 멸종 위기 동물이 죽어 가는 동안 정부는 아무런 조치도 취하지 않았습니다. 환경부는 많은 산양이 죽은 뒤에야 울타리 일부를 개방하기로 했지만 사실상 의미가 없을 정도로 적은 범위였어요.

2024년 12월, 환경에 관심이 큰 교사들로 이뤄진 '환경과생명을지키는전국교사모임'은 이처럼 심각한 상황을 알고 산양 폐사에 대한 공동 수업을 진행하기도 했어요. 특정한 멸종 위기 동물을 주제로 전국 단위의 공동 수업이 실시된 것은 이때가 처음이었어요. 수업에 참여한 초등학생들은 고사리 같은 손으로 엽서를 썼습니다.

"산양아, 사라지지 마."

"산양을 위해서 울타리를 없애 주세요. 산양이 힘들어 합니다. 지금이라도 노력해 주세요."

"울타리를 없앱시다. 아니면 내년에는 산양이 없어질 수도 있습니다. 제발요."

학생들이 쓴 엽서에는 주로 지난겨울 1,000마리가 넘게 죽은 산양에 대한 안타까운 감정이 담겨 있습니다. 아프리카 돼지 열병 차단 울타리와 폭설 등으로 인해 산양이 멸종되지 않도록 하려면 지금이라도 울타리를 없애야 한다는, 어른보다 나은 통찰도 들어 있어요.

이 학생들의 엽서와 환경 단체의 의견이 환경부에 전달된 뒤에도 산양들의 고통은 여전히 지속되고 있습니다. 전년에 비해 눈이 적게 내린 덕분인지 폐사체가 발견된 수는 크게 줄었지만, 여전히 산양들의 이동이 방해받고 있다는 사실이 무인 카메라를 통해 확인됐어요.

2024년 3월부터 2025년 2월까지 환경 단체 녹색연합이 무인 센서 카메라를 설치해 관찰했을 때, 자동차 도로와 아프리카 돼지 열병 차단 울타리로 인해 산양이 이동을 방해받는 모습이 계속해서 관찰됐다고 합니다. 경상북도 울진과 같은 지역에 서식하는 산양들의 경우 산불과 폭설, 울타리와 자동차 도로 등으로 인해 여러 가지 문제를 겪고 있을 가능성도 있습니다.

KG의 이야기는 산양이 살아가기 너무나 힘든 한반도 남쪽 생태계의 현실을 보여 줍니다. 그리고 어쩌면 이는 생물 다양성 소실이라는 전 지구적 위기가 점점 심화되고 있음에도 인류가 환경 파괴를 일으키고, 기후 위기를 앞당기고 있는 지구 전체 모습의 축소판일지도 모르겠습니다.

풍선 날리기의 위험성

불과 몇 년 전까지만 해도 여러 지자체의 새해맞이나 각종 기업의 창립식에서 흔히 실시됐지만 자취를 감춘 행사가 있어요. 바로 수백수천 개의 풍선을 하늘로 날리는 풍선 날리기 행사예요.

헬륨 가스를 집어 넣은 형형색색의 풍선을 날리면서 새해가 온 것을 축하하거나 회사의 창립일을 기념하기 위한 풍선 날리기는 오랫동안 이어진 관행이었습니다. 이 같은 풍선 날리기가 생태계에 어떤 영향을 미치는지에 대한 고민과 우려가 제기된 건 그리 오래된 일이 아닙니다.

2020년에만 해도 전국 72곳에서 새해맞이 풍선 날리기 행사가 진행됐습니다. 한 곳당 500개의 풍선을 날렸다고만 추정해도 무려 3만 6,000개에 달하는 풍선이 하늘로 날아간 것입니다.

사실 말이 좋아서 '날리기'지, 하늘로 날아간 풍선이 결국은 땅이나 바다로 떨어진다는 걸 생각하면 풍선 날리기는 또 다른 이름의 '쓰레기 무단 투기'에 지나지 않아요.

특히 이처럼 아무렇게나 버려진 풍선은 조류와 해양 생물의 목숨을 위협합니다. 조류나 어류, 해양 포유류 등이 풍선 줄에 걸려 버둥거리다가 죽어 가거나, 먹이로 착각해 터진 풍선의 일부를 먹고 죽을 위험이 크기 때문입니다. 실제로 조류가 풍선을 삼킬 경우 풍선의 일부가 위장 벽에 달라붙거나 기도를 막으면서 사망할 가능성이 높다고 알려졌어요.

사람도 위험해질 수 있습니다. 1986년 미국 클리블랜드에서는 150만 개의 풍선을 날리는 이벤트를 했다가 선박 프로펠러에 풍선이 엉키는 사고가 발생해서 두 명이 사망했어요. 풍선 날리기가 인명 피해로 이어진 셈입니다.

터진 풍선은 더 잘게 분해되면서 미세 플라스틱으로 배출됩니다. 풍선 날리기에 사용하는 풍선은 대기 중에서 일부가 분해되는데, 이 과정에서 대량의 미세 플라스틱이 발생합니다. 인류가 현재 맞이하고 있는 위험 요소 중 첫손에 꼽히는 플라스틱 오염에 있어서도 풍선 날리기를 진행한 이들의 책임이 있다고 할 수 있습니다.

일부 지자체나 기업은 생분해되는 친환경 풍선을 사용했다고 주장하기도 해요. 그러나 친환경 풍선도 특정한 조건이 갖춰진 바다나 토양 등에서만 분해되는 경우가 많습니다. 하늘로 올라간 풍선이 나중에 어디로 떨어질지 아무도 모르는 상황에서 친환경 풍선을 사용한다고 문제가 없는 건 아닙니다.

풍선 날리기로 인한 환경 오염 우려가 커지면서 영국의 옥스퍼드, 카디프 등 50개 도시와 미국 뉴욕, 네덜란드 암스테르담, 이베리아 반도 끝에 위치한 지브롤터 등에서는 오래전부터 풍선 날리기 행사를 금지했어요.

한국에서는 경기도가 2019년 12월 풍선 날리기를 전면 금지했고, 제주도는 2020년 1월 풍선 날리기를 전면 금지하라는 협조 공문을 관할 단체에 보냈습니다.

다행히 국내에서는 경기도와 제주도뿐 아니라 다수 지자체와 기업이 더는 풍선 날리기 행사를 실시하지 않고 있어요. 적어도 2025년 새해 첫날, 지자체와 공공 기관은 풍선 날리기 행사를 하지 않은 것으로 보입니다.

민간 기업과 종교 단체 중에는 2025년 1월 1일 풍선 날리기를 하려던 곳도 있었지만, 한 시민 단체가 풍선 날리기를 하지 말아 달라고 요청한 결과 모두 5곳이 취소 소식을 전했습니다. 불과 오 년 만에 풍선 날리기 행사가 사라지는 데 있어 큰 발전이 있었던 것입

니다. 하늘로 날린 풍선은 결국 쓰레기일 뿐이라는 경각심이 앞으
로도 우리 사회에 뿌리 깊게 자리 잡기를 기대해 봅니다.

3장

함께 살아가기 위해
지켜야 할 규칙

동물에게도 권리가 있다고?

세계 동물권 선언

'동물 복지'과 '동물권'은 최근 십여 년 사이 언론 보도와 동물권 단체의 활동을 통해 한국에 알려지기 시작한 단어들이에요. 아직은 이 두 개념이 어떻게 다른지 구분하지 못하는 경우가 많습니다. 이와 관련된 교육이 거의 없기 때문입니다. 사회적으로도 가끔씩 들어 보는 정도에 그치는 경우가 많은 것이 현실이지요.

사실 동물 복지와 동물권이 사회적으로 실질적인 의미를 갖추기 위해 가장 먼저 이뤄져야 하는 과정은 바로 이런 단어가 소개되고, 그 뜻이 널리 전파되는 것입니다.

예를 들어 '인권'이라는 개념을 아예 몰랐던 사회에서 인권 신장이 이뤄지기 위한 조건 중 하나가 바로 인권이라는 개념이 도입되어야 했듯이 말입니다.

즉, 동물 복지와 동물권이라는 단어가 도입되고 그 뜻이 전파되어야만 이 단어들이 담고 있는 사전적 의미가 사회에서 실질적인 의미를 갖게 될 가능성이 높은 것이지요.

사실 국내에서 동물 복지와 동물권은 완전히 정립된 개념이라고 보기는 어려워요. 학문적 정의는 있을지언정 사회적 정의는 여전히 만들어지는 중, 즉 의미가 부여되는 중이기 때문입니다. 국립국어원 표준국어대사전에도 아직 등재되지 않은 단어입니다.

다만, 다음과 같이 동물 보호법 제1조에 '복지 증진'이라는 단어가 포함되어 있을 뿐이에요. 이 '복지'라는 개념이 어떤 의미인지까지는 설명되어 있지 않기도 합니다.

이 법은 동물의 생명 보호, 안전 보장 및 복지 증진을 꾀하고 건전하고 책임 있는 사육 문화를 조성함으로써, 생명 존중의 국민 정서를 기르고 사람과 동물의 조화로운 공존에 이바지함을 목적으로 한다.

동물 복지와 동물권 개념은 동물이 느끼는 고통과 떼어 놓고 설명할 수 없어요. 인간이 다양한 동물에게 끼치는 고통이 동물 복지, 동물권 개념의 탄생에 큰 영향을 미쳤기 때문입니다. 앞에서 살펴봤던 것처럼 과거 서구 사회에서는 철학자 데카르트가 주장했던 동물을 영혼이 없는 자동 기계, 생물학적 기계로 보는 관점이 지배적이었던 때가 있었습니다.

이 같은 관점에는 이성이 없고, 언어를 사용하지 못하는 동물이 고통조차 느끼지 못한다는 생각이 담겨 있었다고 이야기했지요. 눈으로 보기만 해도 알 수 있는 동물의 고통을 애써 외면한 관점이기도 합니다.

하지만 오늘날에는 과학적 연구를 통해 다양한 동물이 사람처럼 고통을 느낀다는 사실이 이미 밝혀졌습니다.

인간 중심주의에 입각한 동물관은 과학이 발달하면서 산산이 깨진 경우가 많습니다. 인간만이 '도구를 사용하는 존재'라는 과거의 통념이 바뀐 것이 대표적인 사례예요. '도구적 인간' 또는 '도구를 사용하는 인간'이라는 의미의 '호모 파베르Homo Faber'라는 단어에서 보듯 과거 과학자들은 인간만이 도구를 사용할 수 있으며, 동물은 도구를 사용하지 못한다고 생각했어요. 도구를 사용한다는 점은 인간과 동물을 구분 짓는 특별한 성질로까지 여겨졌습니다.

하지만 제인 구달이 이 같은 믿음을 완전히 부숴버렸다고 이야기했지요? '침팬지의 어머니'라 불리는 구달은 1960년 탄자니아 곰베의 침팬지 보호 구역에서 한 침팬지가 긴 나뭇가지 하나를 개미집에 넣었다 빼는 모습을 목격했어요. 침팬지는 나뭇가지에 붙은 개미들을 훑어 먹기 위해 이런 행동을 한 것이었지요. 바로 도구를 사용하는 모습이었던 것입니다. 이 발견 이후 침팬지 외에도 다양한 동물이 도구를 사용한다는 사실이 확인되었습니다.

일반적으로 우리나라에서 '동물 복지'라는 개념은 '동물이 신체적·정신적으로 건강하고 편안한 상태를 유지하는 것'을 의미합니다. 이는 동물이 고통, 질병, 스트레스, 공포로부터 자유로워야 함을 포함하는 내용이에요. 이 같은 동물 복지 관련 내용은 현재 한국의 법체계에서도 확인할 수 있습니다.

현재 한국의 민법과 형법은 동물을 사물 또는 재물로 취급하고 있습니다. 동물에게 권리가 있다거나 도덕적 지위가 있다고 보는 관점과는 거리가 멀어 보이지 않나요?

동물을 보호하고 관리하기 위해 만든 동물 보호법에는 동물 중에서도 가축과 전시 동물 등 인간이 사육·관리하고 있는 동물에 대해서만 동물 복지 또는 동물권의 일부를 인정하는 내용이 담겨 있습니다.

동물 보호법 제3조는 '동물 보호의 기본 원칙'을 담고 있는데, 이 법 조항은 누구든지 동물을 사육·관리 또는 보호할 때 준수해야 할 다섯 가지 내용을 제시하고 있어요.

① 동물이 본래의 습성과 몸의 원형을 유지하면서 정상적으로 살 수 있도록 할 것

② 동물이 갈증 및 굶주림을 겪거나 영양이 결핍되지 아니하도록 할 것

③ 동물이 정상적인 행동을 표현할 수 있고 불편함을 겪지 아니하도록 할 것

④ 동물이 고통·상해 및 질병으로부터 자유롭도록 할 것

⑤ 동물이 공포와 스트레스를 받지 아니하도록 할 것

동물 복지 향상에 있어 매우 중요한 내용이지만, 이 법 조항은 앞서 언급한 것처럼 가축과 동물원, 수족관 등의 전시 동물 등 일부 동물에게만 적용된다는 한계를 지니고 있어요. 야생 동물이나 산천어 축제와 같은 지역 축제에 동원되는 동물들, 실험동물에게는 이 조항이 일부만 적용되거나 아예 적용되지 않아요.

이와 달리 '동물권'은 사람에게 인권이 있는 것처럼 동물에게도 태어날 때부터 천부적으로 주어지는 기본적 권리가 있다는 개념이에요. 동물에게도 기본적 권리가 있다고 여기는 사람들의 주장은 '동물에게도 도덕적 지위가 있으며, 동물 역시 지각 능력이 있고, 쾌락과 고통을 느끼는 존재'라는 것입니다.

또 인간은 동물이 가지는 도덕적 지위에 합당한 방식으로 동물

을 대해야 한다고 생각하고 있습니다.

여기서 한발 더 나아가 모든 동물은 평등하며 인간과 마찬가지의 권리를 가진다고 여기는 이들도 있어요. 이 부분은 여러 논쟁이 있는 내용이기도 합니다. 종을 떠나 인간을 포함한 모든 동물이 평등하다는 생각이기 때문에 우리 인간의 일부에게 반감을 불러일으킬 수 있는 내용이지요.

이런 관점은 종을 떠나 모든 동물이 평등하지 않다는 생각은 '종차별주의'이며, 이는 성차별이나 인종 차별, 연령에 따른 차별 등 다양한 사회적 차별과 마찬가지라는 생각을 담고 있습니다.

이런 관점에서 일부 철학자와 동물권 활동가는 돌고래나 코끼리, 침팬지, 오랑우탄과 같은 일부 동물 종에 대해 '비인간 인격체 non-human person'라는 지위를 부여하기도 해요.

비인간 인격체는 자의식이나 성격, 언어 등 인격이 있는 생명체로서의 특성을 가진 동물을 말해요. 거울을 보고 자신을 인식하는지 확인하는 실험을 통과한 경우에는 이 범주에 포함시킵니다. 돌고래와 코끼리, 침팬지, 오랑우탄은 모두 이 실험을 통과했어요.

2014년 12월, 아르헨티나 법원은 이십 년 동안 동물원에 갇혀 살던 29세의 오랑우탄 산드라에게 불법적으로 구금되지 않을 '법적 권리'가 있다는 판결을 내렸어요. 산드라는 독일의 동물원에서 태어나 8세 때 아르헨티나 부에노스아이레스로 옮겨진 뒤, 농구 코

트만 한 콘크리트 우리에 갇혀 홀로 지냈습니다.

이는 오랑우탄을 비인간 인격체로 규정한 첫 판결이었습니다. 산드라는 판결 이후 미국 플로리다의 유인원 센터로 이송되어 자유의 몸이 됐어요.

모든 동물은 평등하다는 생각을 가진 사람들 중 일부는 '종 평등'을 실현하기 위해 동물을 세는 단위 역시 마리나 개체가 아닌 '명'을 사용하기도 해요. 사람의 수를 세는 단위인 '命목숨 명' 자를 쓰는 것이죠. 사람이라는 의미보다는 '목숨'이라는 의미에 집중한 것이라 할 수 있어요.

동물권은 또한 동물에 대한 착취를 반대하는 개념이기도 해요. 여기서 말하는 '착취'란 단순히 고기나 가죽, 우유, 계란 등을 얻기 위해 동물을 사육하는 것만 말하는 것이 아니에요. 동물을 이용하는 것 자체가 윤리적으로 그릇된 행동이라 여기기 때문에 채식을 기본으로 삼고, 공장식 축산에 반대하지요.

그뿐 아니라 말이나 소 등의 동물을 노동력으로 이용하는 것은 물론 동물 실험에도 반대하는 거예요. 또한 이 같은 착취의 산물로 생산된 제품들 역시 이용하지 않아야 한다는 주장으로 연결됩니다.

이 같은 동물권 개념을 널리 알린 책이 바로 피터 싱어의 『동물 해방Animal Liberation』입니다. 싱어는 '종 차별주의' 개념을 소개하면서 인간 중심적 사고를 비판했어요. 이 책에는 동물을 인간과 동등하게 도덕적 지위를 가진 대상으로 보아야 한다는 주장도 담겨 있습니다.

이 주장에 동의하는지 아닌지를 떠나 싱어의 생각은 동물권 운동과 채식주의는 물론 우리 인간이 어떤 존재인지를 묻는 윤리적 질문에까지 영향을 미쳤습니다.

모든 동물이 인간과 동등하게 대우받고, 또 모든 동물이 해방되는 것은 유토피아Utopia에서나 이루어질 법한 불가능한 일일지도 모릅니다.

하지만 동물을 비인간 인격체로서 고려하고 대우하는 사고방식은 우리 인간의 사회적 지위를 향상시키는 데도 긍정적인 영향을 끼치지 않을까요? 동물권이나 동물 복지에 관심이 없는 사람들의 사회적 지위마저도 말이에요. 그런 의미에서 동물권과 동물 복지 증진을 위한 운동은 어쩌면 본질적으로 우리 인류를 위한 운동일 수도 있습니다.

축제와 전통이란 이름의 동물 학대

"으악, 뜨거워요!"
"숨이 막혀요, 살려 주세요!"

"제발 물속으로 돌려보내 주세요!"

같은 종 그리고 여러 다른 종의 어류들과 함께 갇혀 있던 산천어들은 옴짝달싹할 수 없는 좁은 공간 속에서 극심한 고통을 느낍니다. '제발 넓은 물속으로 돌아가고 싶다'는 생각으로 가득 찬 산천어는 몸에 닿기만 해도 뜨거운 누군가의 손에 잡혀 물 밖으로 끌려나왔어요.

차라리 다시 그 좁은 물속으로 돌아가고 싶다는 생각이 들 정도로 산천어가 본 물 밖의 세상은 지옥과도 같은 곳이었어요. 사람들이 동족을 손으로 잡아 물 밖으로 끌어 올릴 때마다 그 손에 잡힌 동료들은 비명을 질렀어요. 단지 사람의 귀에는 들리지 않았을 뿐이에요.

매년 겨울, 강원도 화천에서는 '산천어 축제'라는 이름의 행사가 열려요. 동물을 소재로 한 국내 축제 중에서는 가장 유명한 행사이지만 동물 복지 측면에서는 동물 학대라는 지적까지 받는 축제이기도 해요.

2020년에는 이 축제에 동원되는 산천어에게 지나치게 큰 고통을 준다는 이유로 동물권 단체가 화천군을 상대로 법적 소송을 제기하기도 했어요.

당시 동물권 단체가 화천군을 고발한 이유는 이 축제가 생명 존중 의식을 왜곡시키고 있다는 판단 때문이었어요. '축제라는 이유로 살아 있는 생명체에게 불필요하고 지나친 고통을 주는 것이 과연 윤리적으로 정당한가' 하는 문제의식이 있던 거예요.

하지만 이 축제에 참여하는 대부분의 사람은 산천어가 겪는 고통을 거의 알지 못하는 것이 현실이에요.

산천어는 좁은 빙판 밑에 먹이도 없이 갇혀 있다가 체온이 훨씬 높은 사람의 손에 잡히는 순간 마치 고문당하는 듯한 고통을 겪습니다. 어떤 참가자는 산천어를 잡아 입에 문 채 기념 촬영을 하기도 하고요. 위생적으로 바람직하지 않은 행태이지요. 게다가 손으로 잡는 게 어렵다 보니 산천어의 고통은 생각하지 않은 채 아가미에 억지로 손을 넣는 경우도 있어요.

산천어는 이 축제를 위해 인공 번식으로 태어나 단 3주 만에 인간의 손맛과 입맛을 위해 죽어 갑니다. 이런 점들 때문에 산천어 축제는 단지 오락과 유희, 영리 목적만을 위해 동물을 학대하는 반교육적인 행사라는 비판을 받기도 합니다.

게다가 이 축제는 동물 복지 문제뿐 아니라, 상수원 보호 구역을 훼손했다는 논란도 있어요. 얼음을 더 단단하게 만들기 위해 수중 식물을 없애고, 물막이 공사하면서 야생 어류가 살기 어려운 환경이 됐다는 지적도 있어요. '살생의 추억만 남고, 강은 오염되는 축제'라는 말이 어울리는 행사입니다. 제인 구달 또한 인간의 쾌락을 위해 동물을 고문하고 착취하는 일이 당연하게 여겨진다는 것에 대해 충격적이라는 말을 하기도 했지요.

이런 이유로 화천 산천어 축제는 2017년 서울대 수의대의 동물 이용 축제 현황 조사에서 100점 만점에 18점이라는 매우 낮은 점수를 받았어요. 고통을 느낄 수 있는 어류를 좁은 공간에 몰아넣고, 맨손으로 포획하는 행위가 '죽음에 이르는 고통'을 주는 것으로 평가되었기 때문이에요.

문제는 산천어 축제만이 아닙니다. 국내에서 동물을 이용하는 많은 축제가 비슷한 양상을 보이고 있어요. 서울대의 조사 대상이었던 85개의 축제 중에서 90점 이상을 받은 곳은 단 3곳뿐이었어요. 66개 축제가 20점 미만의 평가를 받기도 했습니다. 살아 있는 동물을 맨손으로 잡거나 던지는 등의 체험 위주 콘텐츠가 대부분이기 때문입니다.

서울대의 조사 내용이 담긴 보고서에서는 대부분 축제의 생태 체험 활동은 그 이름과 달리 생태 친화적인 활동이 아닌 포획 활동에 머무르고 있다고 이야기합니다. 사람들이 인간과 동물의 관계를 긍정적으로 체험할 수 있도록 변화해야 한다고 지적하고 있지요. 하지만 이 보고서가 나온 지 팔 년이 지난 지금도 큰 변화는 없습니다.

2020년 7월, 검찰은 동물권 단체가 화천군을 동물 보호법 위반으로 항고한 사건에 대해 기각 결정을 내렸어요. 법적으로는 면죄부를 준 셈이지만 국민의 인식은 사뭇 다릅니다.

2021년 11월, 한 동물권 단체가 발표한 '어류 복지에 대한 국민 인식 조사'에 대한 보고서를 보면 응답자의 89.2퍼센트가 어류 도살 시 고통을 최소화해야 한다고 답했고, 92.1퍼센트는 물에서 꺼내 공기 중에 방치하면 어류가 고통을 느낀다고 응답했어요.

81.5퍼센트는 식용 어류도 다른 가축처럼 운송과 도살에 관한 규정이 필요하다고 했고요. 식용 어류에도 동물 보호법을 적용해야 한다고 본 응답자는 65.4퍼센트였습니다. 국민은 어류 복지의 향상 필요성에 대해 공감하고 있는 것입니다.

산천어 축제 못지않게 동물권 단체의 반발을 사고 있는 축제가 바로 소싸움 대회예요. 이 행사를 주최하는 이들은 19세기부터 이어진 민속놀이라고 주장합니다. 명확한 기록이 남아 있지는 않지만 200여 년째 이어 온 전통문화라는 것입니다.

소싸움 대회는 일제 강점기에 중단됐다가 1970년대 진주와 의령에서 부활했어요. 현재는 주로 경상도의 여러 지자체에서 개최 중입니다.

소싸움 대회를 개최하고 있거나 과거 개최했던 지자체는 모두 11곳입니다. 경남 창원시, 진주시, 창녕군, 의령군, 김해시, 함안군과 경북 청도, 대구 달성군, 충북 보은군, 전북 정읍시와 완주군 등입니다. 이 가운데 창원, 진주, 창녕, 의령, 청도, 달성, 보은 등은 2025년에도 소싸움 대회를 개최했거나 개최할 예정입니다.

동물권 단체는 소싸움 대회를 전통이라는 핑계로 소를 학대하는 일이라고 주장합니다. 소싸움 대회에 투입되는 소는 강제로 다른 소와 싸우면서 부상을 입게 됩니다. 소싸움 대회에 투입되는 소, 즉 싸움소는 머리에 난 뿔로 상대 소의 머리를 들이받게 되는데 이 과정에서 뾰족한 뿔에 찔린 상처가 나는 일을 피하기 어렵습니다.

싸움소는 훈련을 받는 과정에서도 고통을 겪습니다. 힘을 기르기 위한 폐타이어 끌기 등이 소의 본성에 반하는 일이라는 것만은 분명하지요.

또 소싸움 대회 참가를 위해 트럭에 실린 채 이동할 때도 소는 큰 스트레스를 겪게 돼요. 이 같은 수송 과정에서 발생하는 스트레스로 인해 동물이 각종 질병으로 열이 나게 되는 것을 일컫는 용어가 있을 정도입니다. 바로 '수송열'이지요.

소싸움 대회에서 행운권 추첨 등을 통해 송아지를 경품으로 제공하는 것 역시 동물 복지에 어긋나는 일이라는 비판을 받기도 했습니다.

동물 보호법이 도박, 광고, 오락, 유흥 등을 목적으로 동물에게 상해를 입히는 행위를 금지하고 있는데도 소싸움 대회만 예외라는 점도 논란거리입니다. 농림 축산 식품부령으로 정하는 민속 경기는 이 금지 조항 대상에서 제외되는데, 소싸움 대회는 2013년 민속 경기로 지정되었습니다.

소싸움 대회가 동물 복지를 훼손하고, 소를 학대한다는 논란에 휩싸이면서 관람객은 점점 줄어들고 있습니다. 2023년 4개 지자체에서 열린 소싸움 대회 관람객은 총 5만 명가량이었는데, 2024년에는 4만 4,600명으로 10퍼센트 이상 줄어들었다고 해요.

2025년 4월에는 구제역이 발생한 와중에도 의령, 창녕, 달성 지역에서 소싸움 대회를 실시해서 비판을 받기도 했습니다. 소싸움 대회에는 약 백오십 마리 정도의 싸움소가 투입되는데, 가축 감염병이 유행하는 상황에서 각지의 소들을 좁은 공간에 모으는 것은 이해할 수 없는 일이라는 것이죠.

소에게 고통을 주는 것은 물론 감염병 위험까지 크게 만드는 행사를, 전통이라는 이유로 계속할 필요가 있을지 사회적인 고민이 필요합니다. 만약 전통문화라는 이유로 계속 소싸움을 해야 한다 해도, 소가 고통을 느끼지 않도록 방식을 개선하려는 노력은 반드시 필요합니다.

물고기? 아니요, 물살이!

여러분 중에서 눈치가 빠른 사람들은 제가 일부러 '물고기'라는 표현을 사용하지 않은 점을 알아차렸을지도 모르겠습니다. 저도 일상생활에서는 물고기라는 말을 흔히 사용하지만, 동물 복지에 대해 논하는 이 책에서만큼은 이 단어를 사용하고 싶지 않거든요.

사실 다양한 어류를 칭하는 '물고기'라는 말은 물에 사는 숱한 어류를 존엄한 생명체가 아닌 먹을거리, 즉 음식 소재로만 보는 관점을 담고 있어요. 지극히 인간 중심적인 사고를 담고 있는 표현이기도 합니다. 우리가 육지, 즉 뭍에 사는 다양한 동물을 통틀어서 '뭍고기'라고 부르지 않는다는 점을 생각해 보면 물고기라는 단어에 문제가 있다는 것을 쉽게 알 수 있을 거예요.

심지어 우리가 일상생활에서 즐겨 먹는 돼지고기, 소고기, 닭고기, 오리고기도 동물이 살아 있을 때는 '고기'라는 말을 붙여서 부르지 않아요. 엄연히 고기를 얻기 위해 기르는 농장 동물임에도 우리는 돼지, 소, 닭, 오리라는 이름으로 부릅니다.

이런 문제의식에서 어류를 물고기 대신 '물살이'라고 부르자고 주장하는 사람들이 있어요. 어류를 음식 소재가 아닌 '물에 사는 생명체'로 대해야 한다는 얘기지요.

지금 당장은 많은 사람의 입에 익은 물고기라는 표현이 물살이로 바뀌기는 어려울지도 몰라요. 또 물살이라는 생소한 표현에 거부감을 표시하는 이들도 있을 수 있습니다.

　　하지만 물살이라는 표현이 최소한 물에 사는 생명을 부르는 이름에 대해 다시 한번 고민하는 계기를 마련해 주는 것은 분명하지요. 이런 고민이 한국 사회의 동물 복지를 향상시키고, 동물권을 확보하는 기초가 될 수 있을 거예요. 여러분도 친구들과 어류를 어떻게 부르면 좋을지 함께 고민해 보는 건 어떨까요?

전시 동물 해방 선언

얼룩말 세로의 탈출과 동물원

2023년 3월, SNS에 얼룩말 사진과 함께 서울 한복판에서 얼룩말이 뛰어다니는 모습을 봤다는 글이 올라왔습니다. 아프리카에 사는 얼룩말이 어떻게 서울 도심에 나타난 걸까요?

바로 서울 광진구 어린이 대공원에서 기르던 얼룩말 한 개체가 울타리를 부수고 탈출했기 때문입니다. 얼룩말 '세로'는 도로와 주택가를 뛰어다니다가 세 시간여 만에 붙잡혔어요.

그저 우연히 발생한 신기한 일이라고 생각하는 사람들도 있었지만, 세로가 탈출한 이후 동물원의 존재 이유와 동물들이 겪는 스트레스에 대해 진지한 논의가 시작되기도 했어요.

얼룩말 세로의 탈출은 동물원, 수족관에서 사육하는 전시 동물의 복지를 논의하는 데 큰 전환점이 될지도 모르는 사건이 되었습니다.

세로가 동물원에서 탈출한 이유는 확실하지 않습니다. 우리는 세로가 왜 그랬을지 추측할 뿐이에요. 전문가들은 혼자 지내는 외로움으로 인해 큰 스트레스를 받은 것을 가장 큰 원인으로 보고 있어요. 어린이 대공원 수의사도 비슷한 의견을 말했습니다.

2019년 6월에 태어난 세로는 2021년에는 엄마 루루, 2022년에는 아빠 가로를 잃었고, 형제자매가 다른 동물원으로 가 버린 뒤 혼자 남았습니다. 무리를 이루며 사는 얼룩말에게는 매우 힘든 환경이었겠지요. 실제로 서울 시설 공단에서 올린 영상에도 '엄마 아빠 껌딱지'였던 세로가 부모를 잃고 반항을 시작했다는 내용이 나오기도 합니다.

세로는 사람의 작은 발소리에도 깜짝 놀라는 예민한 모습을 보였고, 밤에도 휴식을 취하는 공간인 내실에 들어가지 않으려고 고집을 부리기도 했습니다. 근처 축사에 있던 캥거루와 다투는 모습도 목격됐고요.

그런데다가 코로나19로 인해 실시되었던 거리 두기가 해제되면서 관람객 수가 늘어난 것 역시 세로에게는 큰 스트레스였을 수도 있어요. 특히 동물들은 몸을 숨길 공간이 부족한 경우 스트레스를 더 심하게 느끼는데, 세로도 그런 환경에서 많은 관람객의 시선에 노출되며 점점 더 불안해졌을 수 있습니다.

탈출 사건 이후 세로가 유명해지면서 어린이 대공원을 찾는 사람들은 더욱 늘어났습니다. 이 역시 동물원의 동물들에게는 더 큰 스트레스가 될 수 있어요. 그래서 예전부터 동물이 생활하는 우리 주변만이라도 사람들이 들어오지 못하게 통제하는 시간이 필요하다는 주장이 나왔습니다.

세로처럼 동물원 동물이 탈출하는 사건은 특히 시설이 낡은 전시 시설에서 자주 발생하고는 합니다. 세로가 탈출했던 어린이 대공원에서는 2005년 4월에도 코끼리 여섯 마리가 탈출했던 적이 있어요. 아직 동물 쇼를 하던 때였는데, 공연장에서 연습을 하던 중 코끼리 한 마리가 놀라서 뛰기 시작하자 다른 코끼리들도 따라 움직이면서 동물원 밖까지 나가 버린 것이었습니다.

그중 일부는 식당에도 들어가고, 주변 주택에 들어가 정원도 짓밟았어요. 그 식당은 '코끼리가 왔던 식당'이라고 홍보도 하고, '코끼리 정식'이라는 메뉴까지 추가하기도 했습니다. 이 사건은 국내 언론뿐 아니라 미국의 CNN, 일본의 아사히 TV, 니혼 TV, 후지 TV 등 해외 유명한 방송사에서 취재할 정도로 화제가 됐어요.

2010년에는 서울 대공원에서 '꼬마'라는 이름의 말레이곰이 탈출해 열흘 만에 청계산에서 포획된 일도 있었죠. 이 사건은 서울 대공원이 말레이곰 우리를 고치는 계기가 되기도 했습니다.

2018년, 대전 오월드에서는 퓨마 '뽀롱이'가 탈출했다가 네 시간여 만에 사살되기도 했어요. 뽀롱이 사건 이후에 동물원 폐지를 요구하는 국민 청원이 이어졌고, 수만 명이 서명을 했습니다.

동물원에서는 사육사가 맹수에게 공격받는 사고가 발생하기도 해요. 2015년에는 어린이 대공원에서 한 사육사가 사자 방사장에 잘못 들어가 안타깝게 숨지는 사고도 있었어요. 이때도 동물원의 존재 가치에 대한 의문이 제기되었습니다.

전시 동물의 탈출 사건은 동물원이 갇힌 동물에게 고통을 준다는 것을 생각하게 합니다. 또 간혹 발생하는 사육사의 사고 역시 동물원이 인간에게도 정상적인 공간이 아닐 수 있다는 고민을 안겨 주지요.

동물원에 가면 같은 행동을 반복하는 동물을 종종 볼 수 있습니다. 이런 행동을 '정형 행동'이라고 해요. 정형 행동은 주로 지능이 높은 동물이 특정한 목적이 없는 무의미한 행동을 하는 것을 말합니다.

예를 들어 우리 내부에서 끊임없이 왔다 갔다 하는 반복 행동을 하는 것이 대표적인 정형 행동입니다. '동물의 정신병' 증세라고 말하기도 하지요.

동물 복지를 위해 동물이 스트레스가 없는 환경에서 생활할 수 있도록 하는 '행동 풍부화'가 이뤄지기 전의 동물원에서는 침팬지, 오랑우탄 같은 유인원이나 늑대, 곰, 코끼리 같은 포유류의 경우 거의 예외 없이 이런 행동을 보이곤 했습니다. 지금도 환경이 열악한 동물원에서는 쉽게 정형 행동을 목격할 수 있어요.

동물원 동물의 정형 행동에 대한 안타까움을 포함해 '동물원 동물이 불쌍하다'는 인식은 '동물원 및 수족관의 관리에 관한 법률'의 개정으로 연결됐습니다. '동물원수족관법'이라고도 부르는 이 법은 2023년부터 시행되었어요.

이 법의 핵심 내용은 동물원 '등록제'를 '허가제'로 바꾸는 것입니다. 원래 시행되던 등록제에서는 일정 규모만 충족하면 등록만으로 동물원과 수족관을 운영할 수 있었습니다. 이는 수많은 체험 동물원, 실내 동물원이 생겨난 원인이었지요.

그러나 현재는 서식 환경 요건, 전문 인력, 보유 동물 질병·안전 관리 계획, 휴·폐원 시 동물 관리 계획 등을 모두 갖춘 뒤 시도지사의 허가를 받아야 합니다.

다만, 기존에 등록되어 있는 동물원은 육 년 이내에 허가 기준을 갖추도록 유예 기간을 두었습니다. 동물원을 조성하기 위한 조건이 더욱 까다로워진 것이지요.

또 이 법에는 오락이나 흥행을 목적으로 동물에게 불필요한 고통이나 스트레스를 가하는 행위를 금지한다는 내용도 들어 있습니다. 올라타거나 만지기, 먹이 주기와 같은 행위를 하지 못하게 법으로 규제한 것입니다.

사람들 앞에 전시할 경우 스트레스 등으로 폐사하거나 질병에 걸릴 우려가 있는 종은 동물원, 수족관이 보유할 수 없도록 하는 규정도 담겨 있습니다. 앞으로는 돌고래 등 고래류부터 동물원이 새롭게 보유하는 것이 금지될 거예요.

사실 이 법은 어린이 대공원이나 서울 대공원 같은 공공에서 운영하는 동물원 혹은 에버랜드 같은 대형 동물원이 아니라 그보다 더 열악한 체험 동물원, 실내 동물원을 규제하려는 목적이 있습니다.

세로가 탈출한 어린이 대공원이나 서울 대공원도 노후화되었고 열악한 환경인 것은 사실입니다. 그러나 그나마 공영 동물원은 수의사, 사육사가 개선 의지를 갖고 더 나은 환경을 만들기 위해 노력하는 경우가 많기 때문이에요. 어린이 대공원도 동물 행동 풍부화 프로그램을 적극적으로 운영하면서 동물 복지를 신경 쓰는 동물원 중 하나로 꼽히는 곳입니다.

그에 비해 체험 동물원, 실내 동물원은 좁은 유리창 안에 동물을 가두고 관람객이 만지게 하는 체험 프로그램을 운영하는 데다, 수의사가 없어서 치료도 제대로 하지 않는 등 일상적으로 동물 학대가 일어나는 경우가 많아요. 개정된 동물원수족관법에는 이런 곳이 더 생기지 않도록 그리고 현재보다는 개선되도록 하는 취지가 담겨 있는 것이지요.

물론 공영 동물원이라고 해서 모두 동물을 위해 노력하는 곳만 있는 것은 아니에요. 2020년 동물권 단체와 수의사 등이 국내 공영 동물원 18곳 중 10곳을 조사한 결과 일부 동물원은 기본적인 동물 복지조차 제공하지 못하고 있는 것으로 나타났습니다.

그중 6곳에서 외관상 상처가 있거나 질병이 의심되는 동물이 관찰됐는데 기본적인 건강 관리조차 되지 않는 동물원이 절반을 넘어선 것입니다. 대구 A 동물원, 진주 B 동물원 등이 열악하기로 악명이 높은 동물원들이에요.

2023년을 기준으로 지자체가 운영하는 공영 동물원은 20곳이 존재합니다. 서울 대공원 동물원, 전주 동물원 등 지역을 대표하는 동물원이 운영되고 있지요.

에버랜드 동물원이 대표적인 민간 동물원은 2019년을 기준으로 90곳으로 집계되었어요. 과거에는 허가제가 아닌 등록제로 동물원을 운영할 수 있었기 때문에 민간 동물원의 수는 정확한 수치가 아닐 수도 있습니다.

동물원의 역할은 무엇일까?

그렇다면 요즘과 같은 동물원은 언제부터 만들어졌을까요?

동물원의 역사는 유럽 열강이 세계 곳곳을 침략하고, 약탈하던 제국주의 시대로 거슬러 올라갑니다. 제국주의 국가들은 아시아, 아프리카, 남미를 지배하면서 이들 대륙에서 데려온 코끼리나 코뿔소, 호랑이 등 이국적인 동물을 볼거리로 삼아 전시했습니다.

특히 수가 많지 않고 잡기 어려운 맹수, 대형 포유류나 파충류를 전시하는 것은 당시의 왕, 귀족, 사업가가 권력과 부를 과시하는 일이기도 했습니다.

18세기 이전에도 왕족, 귀족이 희귀한 동물을 수집하기도 했지만, 일반 대중에게 오락 목적으로 동물을 전시하는 형태의 근대적인 동물원이 생긴 것은 대체로 19세기 초반부터입니다.

실제로 유럽의 역사가 깊은 동물원 중에는 이 시기에 만들어진 경우가 많은데요. 예를 들어 네덜란드 암스테르담의 아르티스^{artis} 동물원은 1838년에 문을 열었고, 베를린 동물원은 1844년에 문을 열었습니다.

게다가 그때의 제국주의 국가에서는 동물원이나 박람회 등에서 사람, 즉 식민지 국가 원주민을 전시하기도 했습니다. '인간 동물원'에서 유럽인에게는 신기한 원주민, 당시 시각으로는 야만인을 동물처럼 전시했던 것이지요.

1848년에 물개 전시로 시작한 독일 하겐베크 동물원은 카를 하겐베크Karl Hagenbeck라는 야생 동물 상인이 만든 곳입니다. 하겐베크는 세계 곳곳에서 야생 동물을 수입해 동물원을 만들었을 뿐 아니라 그린란드와 태평양 섬나라 원주민을 유럽에 옮겨 와 사람을 전시하는 '인간 동물원'을 만든 인물입니다.

하지만 이런 비윤리적인 동물원들 사이에도 선진적인 동물원은 이미 1980년대, 1990년대부터 동물 복지에 관심을 두고 있었습니다. 이 동물원들은 여전히 동물원의 존재 의미를 기존의 동물 전시에서 생태 교육, 종 보전 쪽으로 옮기고 있지요. 동물원 자체는 유지하되 동물에게 불필요한 고통을 주지 않게 애쓰면서, 동시에 새로운 존재 가치를 얻으려고 노력하고 있습니다.

제가 2015년 7월 방문했던 독일 라이프치히 동물원은 생태적인 동물원을 내세우는 곳입니다. 이곳의 사육 공간은 국내와 비교할 수 없을 정도로 넓었습니다. 동물이 숨을 수 있는 공간도 마련하고 있었어요. 관람객은 동물을 보려면 한국의 동물원과는 달리 애써서 동물을 찾아야 했습니다.

이렇게 동물이 잘 보이지 않도록 하는 데에는 두 가지 목적이 있습니다. 동물의 행복을 위해서가 우선이고, 관람객에게 마치 사파리에 온 듯한 생생한 경험을 안겨 주기 위한 목적도 있습니다.

라이프치히 동물원의 동물들은 야생에서처럼 장난치고, 구르고, 나무를 타고, 뛰어오르는 모습을 보여 주었어요. 무기력하게 축 늘어져 있거나 정형 행동을 보이는 한국 동물원의 동물과는 사뭇 다른 모습이었습니다.

이런 노력 덕분에 계속해서 폐쇄 청원이 나오는 국내 동물원과는 달리 유럽, 특히 스위스 동물원은 동물원을 사랑하는 시민들이 막대한 금액을 기부하고, 이것이 동물 복지와 생태 교육, 종 보존을 위한 연구로 이어지고 있습니다.

스위스 동물원의 코끼리

특히 해외 동물원은 멸종 위기종을 동물원에서 번식시키고 개체 수를 늘리는 데에서 동물원의 존재 의의를 찾고 있습니다. 멸종 위기를 맞고 있거나 이미 야생에서 멸종한 동물의 경우, 동물원이 보유한 개체가 마지막 생존자가 될 수도 있기 때문에 동물원의 종 보존 기능이 더욱 중요해지고 있지요.

인간이 생태계를 훼손하면서 동물을 멸종시키다 보니, 같은 인간이 포획한 동물이 더 소중해지는 역설적인 상황이 만들어진 것입니다. 이렇게 동물원에서 보유한 개체가 성공적으로 늘어나면 다시 야생에 방사하면서 종 복원의 기회로 이어질 가능성도 있습니다.

예를 들어 유럽에 널리 분포했던 유럽 들소는 1927년에 야생에서 멸종했는데, 동물원에 남은 일부 개체를 증식시켜 방사하면서 현재는 부분적이지만 개체 수가 회복되었다고 합니다.

독일 라이프니츠 동물원 및 야생 동물 연구소도 주된 업무 중 하나가 멸종 위기종 증식입니다. 이 동물원은 지구상에 단 두 마리만 남아 있는 북부흰코뿔소를 증식시키기 위한 연구를 수행하고 있답니다.

우리나라의 서울 대공원 역시 종 보존 기능을 수행하고 있습니다. 국내에서 멸종한 뒤 소백산에서 국립 공원 공단이 방사하는 여우도 서울 대공원에서 증식시킨 개체들이에요.

물론 해외 동물원이라고 해서 모두 동물 복지를 우선시하고, 생태 교육과 종 보존에 애쓰는 것은 아닙니다. 일본의 경우 국내와 비슷하게 열악한 환경이 유지되고 있는 경우도 많고, 유명 수족관 중에는 여전히 돌고래 쇼를 실시하는 곳들도 있습니다.

우리나라에서만 후진적인 행태가 이어지고 있는 것은 아니라는

일본 오타루 수족관(상)과 추라우미 수족관(하)의 돌고래 쇼

이야기지요. 동물원은 세계 각국에서 사람들에게 사랑을 받았던 공간인 동시에 고민거리를 안겨 주는 공간이 되었습니다.

여러분도 함께 우리나라는 물론 세계 각국에서 동물원에 관해 어떤 고민을 하고, 그 고민이 어떤 변화를 일으키는지 함께 지켜보면 좋겠습니다.

동물이 있는 카페

여러분은 동물 카페에 가 본 적이 있나요? 저는 라쿤이 있는 동물 카페에 방문했습니다. 유리문을 열고 들어가자 좁은 공간에 무기력하게 눕거나 앉아 있는 라쿤 십여 마리가 보였어요.

라쿤 네다섯 마리 정도는 밖으로 나갈 기회를 노리면서 문 앞에 옹기종기 모여 있었고, 신경이 날카로워져 서로 공격하는 모습도 눈에 띄었어요. 물을 주지 않다 보니 라쿤이 밖으로 나가 물을 찾으려고 문 앞에 모여 있던 것 같았습니다. 이런 모습은 한때 유행했던 야생 동물 카페에서 쉽게 볼 수 있었어요.

제가 갔던 야생 동물 카페에서 가장 먼저 느꼈던 건 바로 코를 찌르는 악취였어요. 오십여 마리 동물의 냄새와 이들이 배설하는 대소변 냄새에다, 카페 직원들이 끊임없이 뿌리는 세제 냄새에 눈

야생 동물 카페에서 기르는 왈라비

이 따가울 지경이었어요.

이처럼 비위생적인 환경의 동물 카페에는 건강 상태가 매우 악화된 동물도 있었습니다. 닭, 미어캣, 토끼 등과 같은 공간에서 사육되는 왈라비가 가장 눈에 띄었어요.

제가 찾아갔던 카페는 캥거루과인 왈라비가 두 마리 있었는데, 토끼와 함께 격리된 한 마리는 얼굴에 심한 염증을 앓았어요. 세균 감염으로 인한 염증이 얼굴 한쪽을 뒤덮은 상태였지요.

왈라비뿐 아니라 동물에게 좁은 실내 공간은 큰 스트레스가 될 수밖에 없어요. 이 동물 카페에는 좁은 공간에서 이십여 마리의 개가 쉴 곳을 찾지 못했고 새끼 라쿤은 어항 크기의 플라스틱 박스 안에 갇혀 있었습니다.

한 동물 보호 단체 활동가가 방문한 야생 동물 카페에서는 임신한 라쿤 암컷 다섯 마리를 좁은 케이지 하나에 몰아넣고 사육 중인 곳도 있었어요. 제가 방문한 카페에서는 미어캣과 코아티가 서로 사납게 으르렁거리는 모습이 눈에 띄었고, 라쿤은 꼬리가 잘린 상태였습니다.

서로 다른 종의 합사는 동물원에서도 세심한 준비 과정을 통해 이뤄져야 합니다. 하지만 동물 카페에서는 아무런 주의 없이 수많은 동물이 함께 살고 있는 경우가 흔했습니다.

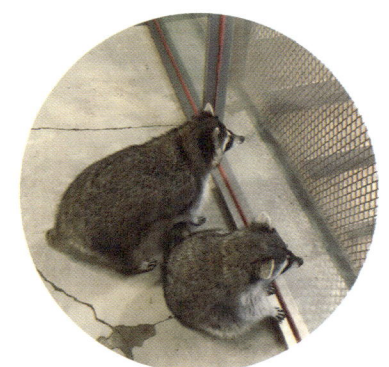

동물 복지 침해만이 아니라 동물의 공격성이나 인수 공통 전염병에 대한 조치가 없는 것 역시 야생 동물 카페의 큰 문제점이에요.

특히 라쿤은 광견병 숙주로 선진국에서는 철저한 검역 대상으로 삼는 종이자 생태계 교란종으로, 경계 대상입니다. 미국의 대다수 주에서는 개인 사육을 금지하고 있어요. 개인 사

야생 동물 카페에서 기르는 라쿤들

육이 가능한 경우도 법적 허가를 받아야 하죠. 외래종인 라쿤이 생태계 전체의 균형을 깨트릴 수도 있기 때문입니다. 한국에서는 아직 라쿤이 야생에서 광범위하게 확인되고 있지는 않지만, 도심에서 점점 많이 발견되고 있어요.

방문객이 직접 먹이를 주고 만질 수 있는 체험 동물원의 동물이 내성을 지닌 '슈퍼 박테리아'를 보유하고 있다는 연구도 있습니다. 한국의 동물 카페 역시 동물을 만지고 먹이를 줄 수 있다는 점에서 크게 다르지 않아요.

이런 동물 카페는 한국에 30여 곳이 운영되고 있습니다. 동물 복지는 물론 이용객의 안전, 공중 보건, 생태계 교란 등 다양한 문제점을 안고 있지만, 카페에서 동물을 전시하는 행위를 규제할 만한 법적 근거가 없었던 것을 이용해 그 수가 크게 늘어났습니다.

2022년 동물원수족관법과 함께 통과된 '야생 생물 보호 및 관리에 관한 법률 개정안'에는 이 같은 야생 동물 카페의 폐해를 줄이기 위해 동물원·수족관으로 허가받지 않은 시설에서 야생 동물을 전시하는 것을 금지하는 내용이 들어 있어요.

야생 동물 카페는 체험 동물원이나 실내 동물원보다 더 열악한 환경인데다 정식으로 허가된 동물원도 아니다 보니 최소한의 동물 복지조차 이뤄지지 않고 있습니다. 그럼에도 이런 공간이 우후죽

순처럼 생겨나는 이유는 간단히 설명하면 원하는 사람이 있기 때문이에요.

얼룩말 세로의 탈출을 두고 "동물이 불쌍하다" "동물원을 폐쇄해야 한다"라는 목소리가 많이 나오는 건 한국 사회의 동물 복지 또는 동물권에 대한 인식이 그만큼 높아졌다는 사실을 보여 주는 내용이에요.

하지만 그 반대편에는 여전히 도심 내 가까운 동물원에 가서 신기한 동물을 보고 싶어 하고, 특히 어린 자녀에게 보여 주고 싶어 하는 부모의 욕구가 존재합니다. 세로가 유명해지니까 어린이 대공원 동물원을 찾는 이들이 많아졌다는 이야기도 이런 욕구를 가진 사람이 많다는 점을 나타내는 것이지요.

2013년, 남방큰돌고래 제돌이가 고향 제주 바다에 방류됐을 때 한국의 동물 복지에 대한 인식이 그만큼 높아졌다는 평가가 나왔고 실제로도 그랬지만, 반대편에서는 오히려 돌고래를 사육하는 수족관이 늘어나기도 했어요. 돌고래에 대한 관심이 높아지니까 가까운 수족관에서 보고 싶어 하는 사람들이 늘어났습니다. 기업이 그걸 포착해서 돌고래를 수입한 거예요.

그리고 체험 동물원, 실내 동물원에 가면 관람객 다수가 아이들을 동반한 부모인 경우가 많아요. 이 부모들의 이야기를 들어 보면 동물 복지에 대한 인식이 아예 없는 건 아니지만 아이들이 즐거워하기 때문에, 교육상 특히 생태 교육을 위해서 방문했다고 말하는 경우가 많습니다. 갇힌 동물을 보는 것이 제대로 된 생태 교육인가에 대한 의문은 품지 못하는 것이지요.

그런데 이 부분은 사실 동물원을 유지해야 한다고 주장하는 사람들의 주된 근거이기도 해요. 동물원은 살아 있는 동물을 보면서 감수성을 풍부하게 하고 생태적인 체험을 할 수 있는 거의 유일한 공간이라는 주장입니다.

하지만 생태 교육이 필요하다는 이유로 동물을 사육하기 적합하지 않은 환경에서 야생 동물을 기르고, 동물 복지를 침해하고, 학대하는 걸 모른 척해서는 안 되겠지요?

생태 교육은 멀리서 서식지를 관찰하는 동물에게 해를 끼치지 않는 방식의 프로그램을 통해서도 충분히 가능해요. 교육상 필요하다는 식의 주장이 함부로 사용되어서는 안 됩니다.

| 4장 |

동물이 꿈꾸는 미래

되돌아온 환경, 보존되는 서식지

황새가 나타나는 마을

"봉순이는 잘 있나요?"

2021년 10월 22일, 강원도 양구의 한 중학교에서 만난 학생에게서 받은 첫 번째 질문입니다. 2014년에 출간했던 첫 책 『독수리는 왜 까치에게 쫓겨다닐까?』를 바탕으로 한 '작가와의 만남'에서였어요.

『독수리는 왜 까치에게 쫓겨다닐까?』는 제가 환경 분야를 취재하면서, 특히 동물과 관련된 취재 내용 중 기사에 다 담지 못했던 이야기를 쉽게 풀어쓴 책이에요.

이날 진행된 '작가와의 만남'은 출간 이후 칠 년여가 지나 상황이 달라진 내용을 설명하는 시간이었습니다. 많은 질문 중에서 제대로 대답하지 못했던 질문이 바로 '봉순이'의 안부를 묻는 질문이었어요. 일본 상황을 계속 확인해야만 답변할 수 있는 내용이었기 때문이에요.

친근한 이름의 봉순이는 오랜만에 한국에서 황새라는 멸종 위기 조류에 대한 관심을 불러일으켰던 특별한 새입니다. 한국의 자연 생태계와 생물 다양성을 관심 있게 지켜보는 사람 중에는 봉순이를 기억하는 이가 많아요.

봉순이는 2014년 경남 김해시 봉화 마을에서 처음 확인된 황새로, 2012년에 일본에서 방사했어요. 일본에서 자연으로 돌려보낸 황새 가운데 한국에서 확인된 첫 사례였기 때문에 한국은 물론 일

천연기념물 황새 봉순이

본에서도 큰 관심을 받았습니다.

황새가 수백 킬로미터를 날아 바다를 건너 한국과 일본을 오간다는 사실도 이때 처음 확인됐고요. 다시 일본으로 돌아간 황새 역시 봉순이가 처음입니다.

천연기념물인 황새는 국제적인 멸종 위기 조류로, 야생에서는 한국과 일본 모두에서 한때 멸종됐어요. 일본이 먼저 황새 복원을 시작했고, 2005년 처음으로 야생 방사가 이뤄졌습니다.

2020년, 일본 야생에 서식하는 황새는 이백이십 마리로 추정되었습니다. 그중 백이십 마리는 일본 효고현에 머물렀고, 나머지는 일본 각지에 흩어져 있지요. 한국에서도 한국 교원 대학교와 충남 예산군을 중심으로 황새 복원이 이뤄졌고, 2015년부터 방사가 시작되었어요.

일본에서 방사한 황새의 다리에는 인식표 역할을 하는 가락지가 달려 있는데요, 봉순이의 일련번호는 'J0051'이었어요. '봉화 마을에서 처음 발견된 암컷 황새'라는 의미에서 '봉순이'라는 이름이 붙여졌죠.

봉순이를 시작으로 강릉, 울산, 제주에서도 일본에서 방사한 황새가 확인됐고, 이 황새들에게도 '강릉이' '울산이' '제동이'라는 애칭이 생겼어요. 이 가운데 제주 한림읍에서 발견된 일련번호 'J0092' 제동이는 봉순이의 조카뻘로 밝혀져 화제되었습니다. 제동이는 봉순이에 이어 두 번째로 한국에서 발견된 일본 방사 황새였어요.

양구의 학생들 중에는 이후 봉순이의 소식을 궁금해한 친구가 많았지만 저는 봉순이의 이후 이야기를 자세히 설명할 수 없었습니다. 일본으로 돌아가 번식에 성공했다는 이야기까지만 들었고, 그 이후에는 어떻게 지내고 있는지 확인하지 못했기 때문이에요.

일본에서 방사된 황새 중에는 '강릉이'처럼 사체로 발견된 황새도 있었기 때문에 봉순이의 소식을 정확히 확인하지 않고 말할 수 없었습니다.

양구에서의 만남 이후로 봉순이의 행적을 조사했습니다. 봉순이는 일본과 한국을 여러 차례 오갔던 것으로 보여요. 일본 효고현의 도요오카시 황새 고향 공원에 따르면 봉순이는 2015년 4월 23일 도요오카로 돌아갔고, 그보다 앞선 4월 20일에는 시마네현 오키노시마초에서도 관찰되었습니다. 봉순이는 한국과 가까운 시마네현이 마음에 들었는지 이 지역에 둥지를 틀고 번식에도 성공했어요.

그리고 2016년, 봉순이는 다시 한국에서 발견됐어요. 11월에 하동, 그다음 해인 2017년 1월에는 서산 천수만, 2월에는 함안군 악양루 근처 남강변, 2월 말에서 3월 초 사이에는 창녕 우포늪과 주남 저수지, 봉암 갯벌에서도 확인됐어요.

마산 창원 진해 환경 운동 연합에 따르면 이때 봉순이는 봉암 갯벌에서 일련번호 'J0094'인 '울산이'와 함께 목격됐는데, 울산이는 2015년 울산 태화강에서 확인된 일본 방사 황새입니다.

이후 봉순이는 일본으로 돌아가 짝을 만나고, 새끼를 부화하는 데 성공했어요. 황새를 취재하면서 알게 된 일본 요미우리 신문의 마츠다 사토시 기자는 봉순이가 시마네현 운난시에서 일련번호 'J0118'인 '겐키 군'을 만나 2018년 4월 두 마리의 새끼를 부화했다는 소식을 전했어요.

겐키 군은 2015년에 태어난 황새로, '겐키'는 일본어로 '건강'이라는 뜻입니다. 일본 영화 〈러브 레터〉의 명대사 "오겐키데스카?お元気ですか。"가 바로 "건강하십니까?" "안녕하십니까?"라는 의미예요.

2018년, 첫 부화에 성공한 봉순이와 겐키 군은 이후 매년 번식에 성공하면서 일본 야생에서 최다 부화 기록을 경신하고 있어요. 이 황새 부부는 2021년에도 네 마리의 암컷을 부화시켜 자립시켰고, 지금까지 낳은 새끼의 수는 스물두 마리라고 합니다.

대부분의 다른 황새 부부가 해마다 한두 마리 정도의 새끼를 부화시키는 것과 비교하면 봉순이와 겐키 군의 번식 성공률은 매우 뛰어난 편이지요.

봉순이가 낳은 새끼가 야생에서 번식을 하면서 봉순이는 이미 할머니가 되었습니다. 일본에서 황새 복원을 추진하기 전 마지막으로 야생 황새가 번식했던 후쿠이현 오바마시에서도 봉순이의 자손이 확인됐습니다. 봉순이와 겐키 군이 낳은 황새가 날아가 번식을 하고 세 마리의 새끼를 부화시켰다고 해요.

앞에서 말한 것처럼 일본에서 방사된 뒤 한국에 와서 관심을 모았던 황새 중에는 안타깝게 생을 마감한 개체도 있어요. 황새 고향 공원에서 전한 소식을 보면 2021년 3월 8일 일본 교토 요사노쵸 야마다 변전소 근처 산림의 송전탑 아래에서 황새 '강릉이(고유번호 J0136)'의 사체가 발견됐다고 해요. 죽음의 원인은 확인되지 않았습니다.

강릉이는 2016년 5월에 황새 고향 공원 보호 증식 센터에서 부화한 수컷으로, 7월에 방사됐어요. 그해 11월, 교토 아야베시에서 마지막으로 확인된 후 행방불명이었는데 일 년쯤 지난 2017년 12월 강릉시의 남대천에서 발견되어 한국과 일본에서 모두 화제가 되었어요. 한국에서는 강릉이, 일본에서는 '스스무進'라는 이름을 가졌습니다.

당시 강릉이를 발견한 강릉 시청에서 다리 가락지를 확인하고 일본 측에 소식을 전하자 일본 효고현의 한 초등학교 어린이들이 "스스무를 찾아 주셔서 감사합니다"라는 내용이 담긴 손 편지를 보

한국과 일본을 오가던 봉순이

내기도 했습니다.

봉순이가 찾았던 한국의 여러 농촌 지역이나 일본에서 황새들
이 살아가고 있는 지역은 공통점이 있습니다. 바로 농약 등으로 인
한 오염이 덜하다는 점과 황새의 먹이가 될 만한 동물이 풍부하다
는 점이에요.

특히 봉순이가 찾았던 김해 화포천과 봉하 마을은 농약을 사용
하지 않는 유기농법으로 농사를 짓는 논이 많은 곳입니다. 덕분에
황새가 즐겨 먹는 미꾸라지, 개구리 등이 풍부할 수 있었지요. 농약
을 오래 사용하면서 황폐해졌던 지역에서 유기농법을 실시하면서
사람의 건강에 영향을 덜 미치는 쌀이 재배된 것은 물론 생태계 복

원에도 긍정적인 영향을 미친 것입니다.

일본에서 황새 마을로 유명한 효고현 도요오카시 역시 비슷한 사례예요. 이 지역에서도 황새가 돌아오도록 농약과 화학 비료의 사용을 줄이고, 황새가 먹이로 삼는 개구리나 곤충이 살아갈 수 있는 친환경 농법이 추진되었습니다.

이처럼 봉순이를 비롯한 황새 이야기는 사람의 노력에 따라 자연이 매우 빠르게 회복될 수도 있다는 교훈을 우리에게 전합니다.

한국과 일본의 황새 복원은 단순히 멸종 위기종 한 종을 복원한 것만이 아니라 인간의 개입을 통해 '자연의 회복력Resilience'으로 생태계를 회복시킨 사례이기도 합니다. 자연의 회복력은 자연이 외부로부터 충격(개발, 파괴, 기후 변화 등)을 받았을 때, 원래의 기능을 회복하고 다시 구성하면서 자연의 새로운 균형을 찾아가는 능력을 말해요.

특히 황새 복원은 멸종 위기종을 복원시킨 것이 인간의 건강과 농업 생산성은 물론 관광 활성화를 통해 지역 경제에까지 긍정적 영향을 준 사례이기도 합니다.

전국 곳곳에서 난개발로 동식물의 서식지가 파괴된 우리나라이지만, 지금은 여러 지역에서 이처럼 인간의 개입을 통해 자연을 회복시키고 있어요. 제가 이 책에 소개한 내용 외에 다른 사례가 있는

지 여러분도 직접 찾아보면 어떨까요?

사라진 수달들

수달은 한국뿐 아니라 국제적으로도 멸종 위기에 처한 포유류예요. 일본은 수달의 서식지인 하천 환경이 훼손되면서 이미 멸종한 상태죠. 자연 환경은 물론 수달을 위협하는 요소도 한국과 비슷한 일본에서 공식적으로 수달이 사라진 점을 보면, 자칫 방심했다가는 한국에서도 수달이 자취를 감출 수 있습니다.

일본에서 수달이 사라진 원인 중 첫 번째는 대규모 포획이에요. 2차 세계 대전 때 전쟁을 일으킨 전범국인 일본은 수달 가죽을 병사들에게 공급하기 위해 수달을 잡아들였어요. 뜻하지 않게 전쟁의 희생양이 된 것이죠. 살아남은 수달에게 1960년대쯤부터 떨어진 날벼락은 하천 정비라는 목적의 대규모 공사였어요. 일본 정부와 지자체가 벌인 공사로 일본 곳곳의 하천이 콘크리트로 뒤덮였고, 수달이 살 수 있는 하천이 크게 줄어들었어요.

1979년 고치현 신쇼강에서 수달 한 마리가 관찰된 것을 마지막으로 일본에서 수달은 사라졌고, 일본 정부는 2012년 공식적으로 수달의 멸종을 인정했어요. 쓰시마섬(대마도)에서 수달이 확인되기는 했지만 일본에서 살아가는 수달이 아니라 한국에서 이동한 수달로 추정됩니다.

하지만 수달에게 '바다 수영'은 무리라고 전문가는 말해요. 그렇다면 하천과 달리 바다에서는 장거리를 수영하기 어려운 수달이 어떻게 대한 해협에서 50킬로미터가 떨어진 쓰시마섬까지 건너간 걸까요?

2019년 6월 4일, 일본 환경성은 쓰시마섬에서 서식하고 있는 수달을 조사한 결과 먼저 파악된 세 마리 이외에 새로 암컷 한 마리가 서식하고 있는 것으로 추정된다고 발표했어요. 쓰시마섬에 모두 네 마리가 살고 있다는 거예요.

일본 환경성이 2018년 12월 초 일주일 동안 쓰시마섬의 해안선과 하천 등 약 110킬로미터에 달하는 구간을 조사했을 때 남부 이즈하라마치 히사카즈 지구의 해안에서 물고기의 잔해가 포함된 수달 배설물 하나를 발견했어요. 이 배설물에 포함된 유전자를 분석한 결과 환경성은 이곳에 이미 터를 잡은 암컷 수달과는 다른, 또 다른 암컷임을 확인했지요.

기존에 수달이 확인된 지역과 새로 배설물이 발견된 히사카즈 지구는 직선거리로 60킬로미터 정도 떨어져 있어요. 유전자를 분석한 치쿠시 조가쿠엔 대학 연구진은 수달의 유전자가 모두 한국에 사는 '유라시아 수달'과 일치한다고 밝혔어요. 이 수달이 한국에서 표류해 왔을 가능성이 높다고 보았습니다.

쓰시마섬에서 처음 수달이 발견된 것은 2017년이에요. 일본에서는 쓰시마섬과 오키나와 이리오모테섬에서만 서식하는 멸종 위기종인 삵을 연구하려 설치된 무인 카메라에 수달이 찍힌 것이었어요. 2017년 북부 가미아가타마치 사고 지구 등에서 암컷 한 마리가 포함된 수달 두세 마리가 서식하고 있었습니다.

앞서 말한 것처럼 수달이 대한 해협에서 쓰시마섬까지 50킬로미터 거리를 헤엄쳐 건너는 것은 불가능에 가까워요. 해류가 쓰시마섬 방향과 반대로 흐르기 때문에 수영으로 건넜을 가능성은 극히 낮아요. 해류를 반대로 거슬러 가는 것은 아주 어렵기 때문이지요. 더군다나 차가운 바닷물에 장시간 노출될 경우 저체온증으로 죽을 가능성도 큽니다.

일본에서는 태풍으로 인해 강에 있던 수달이 나무 등을 타고 바다를 건너왔을 수 있다는 추측도 내놓고 있어요. 이 역시 가능성이 희박하기는 마찬가지예요. 쓰시마섬에서 확인된 수달이 한두 마리가 아니라 세네 마리이기 때문이지요. 한국 하천에 살던 수달이 모두 우연히 표류하다 쓰시마섬에 갔을 가능성은 매우 낮습니다.

수달은 보통 가족 단위로 움직입니다. 수달이 한국에서 일본으로 간 것이라면 일가족이 한꺼번에 바다를 건넌 것일 수도 있어요. 그래서 수달 가족이 부산이나 거제 등에 정박한 배에 탔다가 쓰시마섬으로 건너간 것이 아니냐는 추측도 나오고 있죠.

한강에 돌아온 수달 이야기

바다 수영까지 할 줄 아는 것으로 보이는 수달은 멸종 위기에 처한 다양한 한국의 동식물 가운데서도 독특한 지위를 지니고 있어요. 바로 많은 사람이 귀여워한다는 점이에요. 지금 이 순간에도 멸종의 길을 걷고 있는 동식물이 있고, 그중에는 인류에게 자신의 존재를 알리지 못한 채 사라지는 종이 있음에도 유독 판다나 북극곰, 고래 등 일부 동물만이 관심을 독차지하고 있는 것처럼 말이에요.

그런데 사실 수달은 귀여운 외모로만 관심을 받는 동물은 아닙니다. 하천 생태계에서도 매우 중요한 위치를 지니고 있기 때문에 수달을 아끼고, 사랑하고, 관심을 두는 사람이 많아요.

한강에서 수달이 다시 처음으로 확인된 것은 2016년이었어요. 1997년 팔당 댐 하류에서 사체가 발견된 이후 서울에서는 자취를 감췄던 수달이 서울 광진교 부근에서 목격된 것이지요. 2017년에는 서울 송파구 천호 대교 북단에서 수달 한 마리와 새끼 세 마리가 무인 카메라에 포착됐고요.

2019년에는 제가 동국대 연구진과 함께 서울 밤섬에 들어갔을 때, 연구진이 수달 발자국을 발견하기도 했어요. 2019년 5월 24일 밤섬 내부 수로 주변의 펄(진흙 지대)에서 약 7~8센티미터 크기의 수달 발자국이 확인된 것입니다.

이후 수달의 모습은 청계천, 탄천, 여의도 샛강 등 한강으로 연결된 곳곳의 하천에서 발견되고 있어요. 적어도 열다섯 마리 이상의 수달이 한강과 주변 하천에서 살아가는 것으로 추정됩니다.

한강은 여전히 수달이 살기에 척박한 환경이지만, 이처럼 수달의 흔적이 곳곳에서 발견된다는 점에서 한강 생태계가 서서히 회복되고 있다고 여기는 이들도 있습니다. 수달이 돌아왔다는 것은 수달의 먹이가 되는 어류가 늘어났다는 의미이기도 합니다.

수달이 한강에 돌아올 수 있었던 이유로는 하천의 콘크리트를 제거하고, 자연스러운 모습으로 둔치를 복원한 것을 꼽을 수 있습니다. 콘크리트를 제거한 뒤 생긴 모래톱과 풀숲 등은 수달의 은신처이자 먹이 활동을 할 수 있는 공간이기 때문이에요.

수달은 하천 생태계의 최상위 포식자이자 생태계의 깃대종입니다. 깃대종은 어느 한 지역에서 기준으로 삼을 수 있는 종을 말합니다. 수달이 최상위 포식자이고, 깃대종이라는 점에서 알 수 있는 것은 바로 수달이 살아가는 하천은 어느 정도 생태계의 건강성이 유지되는 하천이라고 볼 수 있다는 거예요.

바꿔 말하면 수달의 먹이가 되는 어류, 그 어류의 먹이가 되는 소형 어류와 곤충, 즉 바다나 하천의 밑바닥에 사는 저서생물로 연결되는 먹이 사슬이 유지되고 있는 하천임을 수달의 존재를 통해 확인할 수 있다는 거예요.

물론, 수달 몇 마리가 보인다고 해서 그 하천이 반드시 건강하다고 확신해서는 안 돼요. 수달은 이동성이 높아서 동일한 개체가 하루에도 여러 지점에서 목격되거나 흔적을 남길 수 있기 때문이에요. 한반도 곳곳의 하천에는 더 많은 수달이 살고 있었다는 점도 잊으면 안 됩니다.

수달은 전 세계에 13종이 있는데 한국의 멸종 위기종이자 천연기념물 제330호인 수달은 '유라시아 수달'에 속합니다. 북아프리카와 아시아, 유럽 지역에 사는 종이에요. 매우 활달한 동물이라 활동 영역이 하천 주변에서 10킬로미터 안팎에 이를 정도로 넓고, 이 때문에 실제보다 개체 수가 더 많아 보이는 착시 효과를 일으킬 정도예요.

그렇다면 한국에 사는 수달은 몇 마리나 될까요? 수달의 수를 정확하게 세는 방법은 존재하지 않아요. 수달을 전부 모을 수도 없으니까 말이에요. 다만 수달이 남긴 배설물과 발자국, 먹이 잔해와 같은 흔적과 유전자 조사를 통해 추정할 뿐이에요.

2023년 실시된 전국 수달 동시 조사가 바로 그런 작업이에요. 이 조사에서는 총 655건의 수달 모습과 서식 흔적이 발견됐어요. 전문가와 환경 단체 활동가, 시민 과학자로 구성된 한국수달네트 워크는 2023년 11월 27일부터 12월 3일 사이 일주일 동안 전국 곳 곳에서 전국 수달 시민 동시 조사를 실시했어요. 이 조사에는 모두 655개의 수달 모습과 서식 흔적이 발견됐다고 합니다.

특정한 멸종 위기 포유류 하나를 두고 이처럼 전국 동시 조사를 실시해 개체 수를 파악한 것은 국내에서는 처음이었고, 세계적으 로도 드문 일입니다.

한국수달네트워크는 수달의 분포는 전국에 걸쳐 비교적 고르게 나타났으며 수달의 강한 적응력을 확인했다고 설명했어요. 하천별 로는 한강 수계(서울과 수도권, 강원권, 충청권)에서 114건으로 가장 많은 수가 확인됐고, 금강 수계에서는 136건, 낙동강 수계에서는 63건이 확인됐어요.

수도권인 경기도 안산, 수원, 의왕, 오산에서 수달 서식을 조사 했을 때 수달이 서식하는 범위가 확산되고 있다는 것을 확인할 수 있습니다. 서울의 한강과 지천에서도 수달 서식 범위가 넓어졌고, 개체 수도 증가하는 것으로 나타났지요. 대구와 세종 등 대도시의 인구가 밀집한 지역에서도 수달의 서식 흔적이 늘어나면서 서식 밀도가 높아지는 것으로 추정됩니다.

하지만 이 조사 결과만으로 전국에 서식하는 수달 개체 수를 정확히 셀 수 있는 것은 아니에요. 서식 흔적이 발견된 곳에 수달이 한두 마리만 살고 있을 수도 있고, 십여 마리가 서식할 수도 있기 때문입니다.

조사에 참가한 이가 많은 지역에서는 수달 흔적이 많이 발견될 가능성이 높고, 참가자가 적은 지역에서는 가능성이 낮다는 점도 수달 개체 수를 추정하기 어렵게 만드는 요소예요.

다만 지역을 정해서 조사할 때 그 수를 어느 정도 추정할 수 있습니다. 2022년에 시민 과학 방식의 조사에서 서울의 한강 권역과 한강으로 연결되는 지천의 경우는 최소 열다섯에서 스무 마리의 수달이 서식하는 것으로 추정됐어요. 이는 수달 흔적 조사와 유전자 조사를 병행한 결과예요.

발견된 655개의 수달 흔적은 수달이 더 이상 멸종 위기에 처한 동물이 아니라는 증거가 될 수 있을까요?

전문가는 여기에 동의하지 않아요. 과거 한반도에 존재했던 수달의 수에 비해 현재 서식하고 있는 수가 훨씬 적다는 점은 달라지지 않았기 때문이에요.

수달의 주 서식지인 하천 환경이 훼손되는 경우도 빈번하지요.

전국에 걸친 하천 공사, 수질 오염 등으로 수달의 먹이 자원은 여전히 부족하고, 그들이 사는 환경도 열악한 상태입니다.

정부와 지자체가 시행하고 있는 하천 정비 사업으로 인한 수달 및 어류의 서식처 훼손은 현재 진행형이에요. 하천 등 수변 도로에서는 로드킬로 세상을 떠나는 수달도 확인되고 있습니다.

예를 들어 경기도 오산천에서는 2022년 이후 하천변에 광범위한 환경 훼손이 일어나고 있어요. 오산시청이 강 주변에 사람이 이용할 수 있는 여러 시설을 만든다는 목적으로 갈대, 물억새 등의 볏과 식물을 베는 것이 생태계에 가장 큰 악영향을 낳았어요. 이는 갈대나 물억새의 생태적 기능을 무시한 공사였어요.

수달은 먹이 활동을 할 때는 물 속에 들어가지만 평상시에는 갈대나 물억새가 있는 천변으로 이동해요. 이런 식물이 있는 곳은 은신처 역할을 하기도 해요. 수달뿐 아니라 잠자리나 메뚜기, 사마귀 등의 곤충도 이런 식물을 서식처로 삼아요. 오산시가 갈대, 물억새를 베면서 이런 곤충이 오산천에서 없어질 수도 있다는 걱정이 나온 이유입니다.

이 같은 목적으로 천변의 갈대, 물억새를 모두 베는 일은 전국 곳곳의 하천에서 벌어지고 있어요. 원앙을 포함한 조류의 은신처를 훼손한 서울 성동구 중랑천이 대표적이에요. 이로 인해 중랑천을 찾는 천연기념물인 원앙의 개체 수가 과거 최대 천여 마리에서

삼사백 마리로 급감했어요.

수달과 원앙처럼 오래전부터, 아마도 사람이 살기 시작하기 전부터 한반도 곳곳의 하천 주변에서 살아온 동물이 앞으로도 하천을 중심으로 살아가도록 하려면 무엇보다 하천 환경을 지금처럼 무자비하게 파괴하는 일을 막아야 합니다.

강을 정비한다는 이유로 벌어지고 있는 각종 개발 사업을 모두 중단시킬 수는 없겠지요. 하지만 적어도 수달, 원앙 등 생존에 있어 강이 꼭 필요한 동물에게 치명적인 영향을 미칠 수 있는 사업은 지금이라도 멈추게 하거나 악영향을 최소화하는 방향으로 바꿔야 하지 않을까요? 특히 그 개발 사업이 우리 인간에게 꼭 필요한 것이 아니라면 말이지요.

맹꽁이 구한 '친절한 행정', 맹꽁이 집 뺏은 '개발'

경기도 연천군의 한 국도변에는 투명한 방음벽에 충돌해 죽은 새의 사체가 떨어지는 곳이 있어요. 투명한 벽을 인지하지 못한 소형 조류가 먼저 목숨을 잃고, 그 사체를 먹으려던 맹금류 역시 충돌로 죽음을 맞고 있는 것입니다.

이 조류의 사체를 먹으려 접근하던 고양이나 너구리 같은 동물까지 로드킬을 당하기도 합니다. 방음벽은 말 그대로 '야생 동물의 무덤'이 되고 있는 셈이에요. 이런 '죽음을 부르는 방음벽'은 연천뿐 아니라 전국 곳곳에 퍼져 있어요.

전문가, 시민 사회 단체 활동가들이 새의 유리창 충돌과 그로 인한 부상이나 폐사를 막기 위한 활동에 나서기 전까지 공공 기관이나 기업은 이 문제에 거의 무관심했어요. 관심을 가진 몇몇 기관만이 독수리나 매 등 맹금류 모양 스티커를 유리창에 붙이는 소극적인 조치를 했을 뿐이에요. 이 맹금류 스티커는 좋은 의도와는 달리 실질적인 예방 효과가 거의 없다고 해요.

이처럼 참혹한 죽음이 계속되자 시민과 전문가들이 자발적으로 캠페인을 벌였고, 덕분에 새의 대량 폐사를 막기 위한 노력이 이어졌어요. 그 결과, 정부 부처나 지자체 중에서도 이 문제에 관심을 갖는 곳이 하나둘씩 생기기 시작했습니다.

2023년 1월, 조류의 유리창 충돌을 막기 위한 조례를 만든 지자체가 31곳에 달했어요. 많다고는 할 수 없지만 '야생 동물을 배려하는 행정'이 실제로 가능하다는 걸 보여 주는 의미 있는 변화라고 할 수 있습니다.

사실 정부나 지자체가 멸종 위기종을 포함한 야생 동물과 맺어 온 관계를 살펴보면 배려와 존중보다는 파괴와 오염, 서식지 훼손처럼 멸종과 죽음의 원인을 제공한 사례가 훨씬 많았어요.

앞에서 살펴보았던 최근 일부 지자체가 귀한 손님으로 대접하는 흑두루미도 사실은 각종 개발 사업 때문에 쫓겨났던 야생 동물 중 하나였지요.

예전에는 한반도 전역에서 흔히 볼 수 있었던 양서류인 맹꽁이도 각종 개발로 인해 멸종 위기로 내몰린 동물입니다. 몸길이가 고작 5센티미터밖에 되지 않다 보니 얕은 배수로나 이차선 도로조차 넘기 힘들어서 알을 낳기 위한 이동도 목숨을 걸어야 합니다.

그런 맹꽁이를 위해 2022년 말, 이미 콘크리트 타설까지 마친 대치 유수지 산책로의 경계석을 철거한 서울시 강남구청은 '맹꽁이에게 친절한 행정'의 좋은 예시입니다.

대치 유수지는 서울 도심에서는 드물게 멸종 위기종인 맹꽁이 수십 마리가 서식하고 있는 곳입니다. 이 맹꽁이는 2008년에 조성된 인공 습지인 생태 연못을 중심으로 살고 있어요. 습지가 생긴 이후, 인근 양재천에 살던 개체가 이주한 것으로 추정돼요.

서울 강남구에 사는 청소년들로 구성된 맹꽁이청소년자연보듬이단과 인근 주민, 환경 단체 숲여울기후환경넷은 2016년부터 매주 토요일 밤마다 맹꽁이를 살펴봤어요.

당시 강남구청은 대치 유수지 산책로를 정비하면서 낮은 경계석을 설치했어요. 청소년들은 인간에게는 별것 아닌 그 경계석이 맹꽁이에게는 넘을 수 없는 장벽이 될 수 있다는 점에 주목했습니다.

강남구청은 청소년들의 목소리를 귀 기울여 들었고, 결국 경계석을 철거했어요. 시작은 맹꽁이를 배려하지 못했지만 시민의 목소리를 듣고 정책을 바꾼 점은 높이 평가할 수 있어요.

그리고 2025년 초, 대치 유수지에서는 또 한 번 반가운 소식이 들려왔습니다. 바로 이곳에 계획되었던 파크 골프장 건설이 백지화된 거예요. 강남구는 처음에 이 인공 습지에 파크 골프장을 세우려 했지만 많은 주민이 반대했지요. 특히 청소년 모니터링단의 활동이 큰 역할을 했어요.

2024년 11월, 파크 골프장 계획을 접한 맹꽁이청소년자연보듬이단의 청소년들은 거리로 나섰어요. 대치 유수지와 양재천 산책로 등에서 시민들을 만나 맹꽁이 보호와 서식지 보전의 중요성을 알리고 서명도 받았어요.

청소년들은 강남구청과 강남구 의회를 직접 방문해서 담당 공무원과 의장, 부의장에게 맹꽁이 서식지의 생태적 가치를 설명하고 파크 골프장 건설에 대한 우려를 전달했어요. 이 같은 청소년들의 활동에 강남구 주민까지 힘을 보태면서 2025년 1월 초, 결국 파크 골프장 계획은 철회되었습니다.

이처럼 다행히 대치 유수지의 맹꽁이 서식지는 난개발을 피할 수 있었지만, 전국 곳곳의 하천 변과 습지에서는 지금도 수많은 파크 골프장 건립이 추진 중이에요.

전국의 파크 골프장 수는 2020년 187개에서 2023년 337개로, 80퍼센트나 급증했어요. 게다가 각 지자체마다 추가로 120개 이상을 더 만들 계획도 세우고 있다고 해요. 강남구도 대치 유수지 대신 대모산에 파크 골프장을 지을 계획이라고 합니다.

정부는 지자체의 파크 골프장 건설을 부추기는 정책까지 내놨어요. 국무 조정실은 2025년 1월 22일, 개발 제한 구역(그린벨트) 안에도 파크 골프장을 만들 수 있도록 하는 내용이 담긴 '국민 불편 민생 규제 개선 과제'를 확정했다고 밝혔어요. 그리고 2월 25일에는 여의도 면적의 15배에 달하는 그린벨트를 해제하겠다는 내용도 발표했습니다.

그린벨트, 즉 개발 제한 구역을 대규모로 해제하는 것은 생태계 훼손뿐 아니라 기후 위기 가속화, 미세 먼지 농도 악화, 시민 삶의 질 악화 등 다양한 악영향을 일으킬 수 있어요.

그린벨트는 애초에 도시가 지나치게 무분별하고, 빠르게 확산되면서 일으키는 부작용을 막기 위해 지정된 구역인데 이곳을 해제하면 그동안 법으로 막았던 난개발이 다시 벌어질 수 있기 때문이에요. 이렇게 되면 그린벨트 내의 숲이 빠른 속도로 사라질 가능성이 큽니다.

숲이 빠르게 감소하면 다양한 동식물의 서식지이자 주변 주민들의 휴식·산책 공간이 파괴됩니다. 숲이 도시에서 발생하는 미세먼지와 온실가스를 흡수하고, 기온을 낮추고, 홍수 위험을 낮추는 역할을 한다는 점까지 생각하면 그린벨트 해제가 얼마나 위험한 정책인지 짐작할 수 있겠지요?

적극적인 개발로 파크 골프장 수는 늘고 있지만, 이용률은 오히려 줄고 있습니다. 한때 유행했던 게이트볼장처럼 파크 골프장도 곧 텅 비고 방치될 수 있다는 지적이 나오고 있어요. 자연 환경만 파괴한 채 예산을 낭비하는 것입니다.

사실 파크 골프장은 이를 이용할 주민 사이에서도 찬반이 엇갈리는 시설이에요. 강남구가 추진 중인 대모산 파크 골프장도 노인 인구를 위한 좋은 시설이라며 찬성하는 이들도 있지만 모두를 위한 공원이 더 필요하다고 말하는 사람들도 있어요.

세계에서 가장 빠르게 고령화가 진행되는 한국 사회에서 노인을 위한 시설은 필요합니다.

하지만 어떤 시설을 짓든 간에 지자체는 시민의 수요를 제대로 파악해서 예산 낭비를 막고, 자연 훼손도 최소화해야 해요. 지금처럼 지자체가 먼저 경쟁하듯 추진하고, 정부가 부추기는 파크 골프장 유행은 이제는 멈춰야 하지 않을까요?

동물과 함께하는 우리

재두루미 부고, 이십이 년의 여정

'자연 복원의 희망 전한 재두루미 2A9······. 이십이 년의 여정 끝내다'

위 문장은 2022년에 제가 작성한 기사의 제목입니다. 2001년, 러시아 아무르강 유역의 킨간스키 자연 보호구 두루미 인공 부화 센터에서 태어난 재두루미 '2A9'는 2022년 12월 30일에 강원 철원 양지리에서 죽음을 맞이했습니다. 발견 당시 2A9의 사체 일부는 다른 야생 동물에 뜯어 먹힌 상태였고, 죽은 지 이틀 정도 지난 것으로 추정됐어요. 다행히 조류 인플루엔자에 감염되지는 않았지요.

전 세계에 약 5,000마리 정도밖에 남지 않은 재두루미 중에서도

야생에서의 2A9

특히 2A9의 죽음은 많은 이를 안타깝게 만들었습니다. 다른 야생 동물과 달리 이십이 년간 인간과 가까운 곳에서 생활하며, 인간이 자연을 보전하고 동식물을 소중히 여기면 훼손되었던 자연도 회복될 수 있다는 메시지를 전했기 때문이에요. 여러분이 이 챕터의 처음에 언급되는 2A9의 죽음을 알리는 기사를 작성한 이유이기도 합니다.

2A9가 야생 방사된 뒤 짝을 만나 알을 낳고, 새끼를 성공적으로 키운 과정에서 회복과 복원의 영감을 얻은 과학자, 환경 단체 활동가는 여러 나라에서 훼손된 자연을 소생시키고 멸종 위기종을 복원하는 데 힘썼습니다.

두루미 인공 부화 센터는 멸종 위기에 처한 재두루미 개체 수를 늘리기 위해 새장에서 사육 중이던 2A9를 야생 적응 훈련 과정을 거쳐 2002년 4월 12일 자연으로 돌려보냈습니다. 낮은 야생 적응 확률의 문턱을 넘어 2A9는 많은 사람에게 희망의 메시지를 전했어요.

2002년 그가 야생에 방사될 때 부여된 일련번호 '2A9'의 가운데 A는 1989년 이후 러시아 킨간스키 자연 보호구에서 방사되었다는 의미를 담고 있습니다. 조류를 방사할 때 다리에 붙이는 가락지 색깔과 가락지에 적는 일련번호는 국가와 지역, 종에 따라 달라요. 한국의 경우 두루미류를 방사할 때 흰색에 'K'로 시작하는 세 글자의 일련번호를 사용하고 있습니다.

2004년 3월, 2A9는 철원에서 아직 짝을 짓지 않은 채 무리 내에서 생활하는 모습이 발견되었습니다. 재두루미는 부모와 새끼가 함께 생활하는 습성을 지니고 있는데 성조가 되어 독립한 재두루미는 짝을 짓기 전까지 무리를 지어 다닙니다.

이후 오랫동안 2A9를 지켜본 사람들이 희망을 보았다고 말하는 까닭은 2A9가 보기 드물게 야생 방사 후 짝짓기와 육추(알에서 깐 새끼를 키움)에 성공했을 뿐만 아니라 야생에서 이십 년 넘게 살아남은 개체라는 점입니다.

2A9의 앞뒤로 방사된 재두루미 수는 이백여 마리에 달하지만 야생 재두루미와 함께 러시아에서 겨울철 한반도, 일본 등으로 이

동한 개체는 일부에 불과합니다. 그들 중 짝을 짓고 번식을 시도한 개체는 더 드물고, 알을 낳고 새끼를 여러 차례 성공적으로 키워 낸 개체는 거의 확인된 적이 없지요.

즉, 사육장에서 태어났지만 야생의 본성을 따라 철새답게 이동하고, 번식을 통해 새끼를 키우고, 오래도록 살아남는 등 여러 개의 관문을 모두 통과했기 때문에 희망을 안겨 주었다고 여겨지는 거예요. 인간에 의해 훼손된 자연이 다시 회복될 수 있다는 희망 말입니다.

러시아의 인공 증식과 한국, 일본 등의 월동지 환경 개선 노력으로 1990년대까지 줄었던 전 세계 재두루미 수는 현재 5,000마리 정도로 회복되었어요. 재두루미는 대부분 러시아, 중국에서 봄 여름 가을을 보내며 번식하고, 한국과 일본에서 겨울을 납니다.

2A9는 야생 방사된 뒤 새장 속 부모를 다시 찾아 많은 사람에게 감동을 주기도 했어요. 2A9는 자신의 짝과 함께 부모를 찾아 한참 동안 머무르기도 했습니다. 이런 사연 덕분에 두루미 인공 부화 센터에서 재두루미를 사육했던 이들이 각별히 사랑했던 새이기도 합니다.

2A9가 한국에서 사람들의 눈에 띈 것은 어릴 때 야생에 적응하도록 사람이 들판에서 먹이를 찾아 주고 먹인 덕분에 사람에 대한

경계가 심하지 않은 편이었다는 점도 작용했어요.

다른 재두루미는 경계심이 강해서 사람들이 논에 가까이 오거나 사람이 탄 차가 그들을 살피기 위해 오래 서 있으면 다른 곳으로 날아가 버리고 다시 돌아오지 않는 경우가 많거든요. 이와 달리 2A9는 경계심이 아예 없다고는 할 수 없지만 동족에 비해 비교적 도망가는 일이 적은 편이었습니다.

이처럼 인간과 적당한 거리를 유지하면서도 평생 새장에 머문 부모와 달리 야생에 잘 적응한 점이 2A9의 특이한 부분이라 할 수 있지요.

재두루미는 한국, 일본에서 겨울을 보내기 위해 이동할 때 이전 겨울을 났던 곳과 같은 논밭에서 먹이 활동을 하고, 휴식하는 경우가 많아요. 2A9 역시 짝을 짓고, 새끼를 낳은 뒤 철원 양지리 인근의 특정한 논에서 계속해서 관찰됐는데 그 논이 도로 가까이에 있어 2A9의 행동을 쉽게 관찰할 수 있었습니다.

2A9는 또 야생 재두루미치고는 매우 긴 시간 동안 생존했어요. 동물원에서는 육십 년 넘게 산 재두루미의 기록도 있지만, 야생 재두루미가 이십이 년을 사는 것은 드문 일이거든요.

2A9는 많은 이의 노력을 통해 야생으로 돌아가서 희망을 준 개체입니다. 인간이 보호 의지를 갖고 노력하면 새를 살릴 수 있다는

사실을 증명했습니다. 인간이 자연을 잘 보전하고 관심을 가지면 이렇게 아름다운 새가 우리 곁에 여전히 남아 있을 수 있습니다.

외래종 라쿤은 죄가 없다

라쿤, 북극여우, 미어캣, 앵무새, 프레리독, 조랑말.

흔히 볼 수 없는 동물들이지만 최근 십여 년 사이 우리나라에서 유기된 상태로 구조되는 경우가 확인되고 있어요. 국내에 서식하지 않는 외래종 야생 동물이 잇따라 도심에서 발견되는 이유는 단지 눈으로 보는 것만이 아니라 만지고, 기르고 싶어 하는 그릇된 욕구가 퍼지고 있기 때문입니다.

이런 현상은 우리나라의 생태계를 교란하고, 동물 복지를 훼손할 뿐 아니라 인간의 공중 보건마저 위협할 수 있어요.

라쿤이 가장 대표적이죠. '인수 공통 감염병', 즉 동물과 사람 사이에 서로 전염이 가능한 질병의 주요 숙주가 될 수 있는 라쿤이 전국 각지에서 발견되고 있다는 건 그만큼 많은 사람이 라쿤을 기르다가 버린다는 뜻입니다. 라쿤이 탈출했을 가능성도 있고요.

흔히 '미국 너구리'라고 불리는 라쿤에 대해 전문가들이 주목하는 이유 중 하나는 이 동물이 광견병 등 감염병을 다른 동물이나 사람에게 옮길 가능성이 있기 때문이에요. 국내 야생 너구리나 반려견 등에 심각한 영향을 미칠 수 있고, 공중 보건에도 악영향을 줄 수 있는 동물인 것입니다.

프랑스 자연사 박물관 연구진은 라쿤의 서식 가능 지역이 계속 확대되고 있으며, 북반구 아한대 지역의 숲 생태계에 나쁜 영향을 미칠 가능성이 크다는 논문을 발표했어요.

북아메리카 대륙이 원산지인 라쿤의 서식 가능 지역은 기후 변화 때문에 2050년에는 캐나다와 시베리아, 러시아 서부, 중국과 러시아의 접경 지역, 몽골 등으로까지 확대될 것으로 예상됩니다.

강한 적응력으로 세계 곳곳에 '외래종'으로 침입하는 라쿤 때문에 생태계 피해가 더욱 심화될 거라는 우려도 있어요. 귀여운 외모를 가진 라쿤이지만 세계 곳곳에서 생태계를 교란시키는 동물인 거예요. 물론 이건 라쿤의 잘못이 아니라 이 동물을 원산지가 아닌 곳에 퍼뜨리고 있는 인간의 잘못입니다.

라쿤이 현재 서식 가능한 지역은 원산지인 북미 대부분 지역을 비롯해 남미 중부와 남부, 아프리카 중부와 남부, 유럽 전체와 중동 일부, 중앙아시아 일부, 중국 및 한반도 전체, 동남아시아 일부, 호주 중부와 남부 등 매우 넓게 퍼져 있어요. 사실상 북극과 남극권, 사막, 열대 지방을 제외한 지구의 모든 지역이 외래종 라쿤의 서식 가능 지역이 된 셈이에요.

라쿤의 서식 가능 지역이 크게 확대되는 것 중 가장 걱정스러운 부분은 지구 북반구 아한대 지역의 숲 생태계에 미치는 영향입니다. 아한대 지역의 숲에 라쿤 같은 새로운 포식자가 나타날 경우, 간신히 유지되고 있는 생태계의 균형이 무너지면서 전체 생태계에 큰 피해가 발생할 수 있지요.

라쿤은 인간의 입장에서는 귀엽지만 생태계에서는 엄연한 포식자예요. 라쿤의 개체 수가 늘어나면 특히 크기가 작은 동물에게는 치명적인 영향을 줄 수 있어요.

라쿤은 소형 무척추동물, 개구리 같은 양서류, 조류와 그 알, 작은 포유류를 먹이로 삼아요. 도시 환경에 적응한 라쿤은 음식물 쓰레기를 먹으며 살아가기도 합니다. 기후 조건만 맞는다면 어떤 지역에서도, 어떤 먹이를 먹고도 살아남을 수 있는 적응력을 갖추고 있지요.

유럽에서는 이미 외래종 라쿤으로 인한 생태계 피해가 나타났습니다. 1930년대 독일에 처음 유입된 이후 주변 국가로 퍼지면서 현재는 유럽 전역에서 라쿤이 확인되고 있어요.

일본도 마찬가지예요. 1960년대 처음 유입되었고 현재는 47개 도도부현 중 42곳에서 라쿤이 서식하고 있다고 해요. 특히 애니메이션 〈보노보노〉에 나오는 캐릭터 중 하나인 '너부리'가 라쿤이라는 점 때문에 인기를 끌면서 천오백여 가구가 반려동물로 키웠다고 합니다.

하지만 결국 많은 수가 버려지며 일본 전역에 야생 라쿤이 퍼졌습니다. 그밖에 이란과 아제르바이잔에서도 라쿤이 확인되었어요.

우리나라에서는 아직 라쿤이 야생에 광범위하게 퍼지지는 않았지만 앞에서 살펴본 동물 카페에서 사육 중이거나 개인이 기르는 라쿤이 야생으로 퍼질 위험이 매우 높습니다. 이미 실내 사육에 적합하지 않은 라쿤을 기르다가 몰래 버린 것으로 보이는 사례도 나타났어요.

이렇게 무책임하게 라쿤을 기르는 일 때문에 한국의 자연 생태계 전체가 위협받을 수 있어요. 전문가들은 아무런 예비 지식도, 대응책도 없이 라쿤이 유입될 경우 라쿤에게 대항하지 못하는 생물이 희생될 수 있다는 걱정을 하고 있습니다.

한국에서 발견된 라쿤은 개인 사육자의 집뿐 아니라 최근 우후죽순처럼 생겨난 동물 체험 카페나 체험 동물원 등에서 탈출했을 가능성이 높습니다. 야생 동물 수입이 점점 쉬워지면서 부적절한 환경에서 라쿤을 사육하는 일이 많아지고 있고, 그러다 보니 탈출하거나 유기된 라쿤이 발견되는 일도 늘어나고 있는 것입니다.

라쿤 외에도 아프리카가 원산지인 미어캣, 북극 지방에 사는 북극여우가 도심에서 발견되는 경우도 있습니다. 미어캣은 아프리카 남부가 원산지인 동물로, 앞발을 들고 높은 곳에 올라가 보초를 서는 듯한 자세로 잘 알려져 있지요. 영화 〈라이온 킹〉에 등장하면서 많은 사람에게 인기를 끌었고, 해외에서 수입한 미어캣을 반려동물로 기르는 사람들이 늘고 있어요.

북극권에 서식하는 북극여우는 세계 자연 보전 연맹이 분류한 전 세계의 멸종 위협 정도를 평가한 적색목록에서 '관심 대상LC, Least Concern'으로 분류된 멸종 위기 동물이에요.

서울뿐 아니라 전국 곳곳 하천에서는 외래종 거북도 많이 발견되고 있어요. 반려동물로 키우다가 버리거나, 방생이라는 명목으로 풀어 준 거북이일 가능성이 높아요.

예를 들어 2021년, 서울 중랑천에서 살고 있는 붉은귀거북과 중국줄무늬목거북, 리버쿠터, 플로리다붉은배거북 등 외래종 거북 4종이 확인됐어요. 중랑천 지류인 우이천에서도 다양한 민물 거북이 발견됐고, 미국 원산인 동부비단거북도 있었어요.

붉은귀거북을 포함한 이런 외래종 거북은 모두 생태계 교란 생물로 지정된 파충류예요. 주로 반려동물로 수입되어 사육되다가 버려지거나, 부처님 오신 날 방생 명목으로 하천에 유입되었을 가능성도 있습니다. 생태계 교란 생물로 지정되면 연구·교육·전시 목적의 허가를 받지 않는 이상 수입이나 유통이 금지됩니다.

이런 거북이 교란 생물로 지정된 이유는 수명이 길고 알을 많이 낳으며 생존 능력이 뛰어나기 때문입니다. 국내 고유종인 자라 같은 생물을 위협할 가능성이 높지요. 또한 토종 어류를 무차별적으로 잡아먹어 우리 하천의 생물 다양성에도 나쁜 영향을 줄 수 있습니다.

가정에서는 외래종 야생 동물의 생태적 습성에 맞는 환경을 조성하기 어렵고, 관리나 정보도 부족해 반려동물로 적합하지 않습니다. 그럼에도 희귀 동물에 대한 수요가 증가하는 것은 전 세계적으로 야생 동물 포획과 밀렵을 부추기고 있어요.

한국에 사는 누군가가 '귀엽다' '신기하다'는 이유로 해외 야생 동물을 기르게 되면, 그 결과로 동남아나 아프리카 등에서 해당 동물이 멸종 위기에 몰리고, 해당 지역의 생태계도 파괴될 수 있어요. 그 동물에게도 불행한 일이 되는 건 물론이지요. 그러니 모든 동물을 키우는 데에는 신중한 결정이 필요하겠지요?

내일도 돌고래를 볼 수 있을까?

2013년, 고향인 제주 바다로 돌아간 남방큰돌고래 '제돌이'의

제주 바다를 유영하는 남방큰돌고래

　사연은 해양 생태계와 생물 다양성, 동물권 등에 대해 관심이 있는 이들에게는 아주 뜻깊습니다. 제돌이는 2009년 제주 바다에서 불법 포획된 뒤 서울 대공원으로 팔려 가 바다로 되돌아가기까지 돌고래 쇼에서 공연을 하던 돌고래였습니다.

　한국에서 돌고래 등 수족관에서 사육 중인 해양 포유류의 동물 복지, 동물권에 대한 관심을 불러일으킨 존재입니다. 제돌이를 비롯해 바다로 풀려난 돌고래는 여전히 제주도 인근의 바다에서 종종 목격되고 있답니다.

　현재까지 국내에서 제돌이를 포함해 방류된 남방큰돌고래는 삼팔, 춘삼, 태산, 복순, 금등, 대포 모두 일곱 마리예요. 금등과 대포는 방류된 이후 사람들에게 목격된 적이 없어 안타깝게도 야생 환경에 적응하지 못했을 것으로 추정됩니다.

금등, 대포를 제외한 다섯 마리가 야생에 돌아가 낳은 새끼는 총 네 마리예요. 사람이 돌려보낸 수와 이들이 바다에 돌아가 낳은 새끼의 수를 합하면 남방큰돌고래는 모두 아홉 마리로 늘어났지요. 제주 연안에 서식하는 남방큰돌고래가 백십 마리 안팎인 것을 고려하면 결코 적지 않은 수가 늘어난 거예요.

하지만 바다로 돌아간 제돌이와 달리 여전히 수족관에 남은 돌고래는 대부분 고통스러운 삶을 살아가다가 안타깝고 비참한 운명을 맞이해요. 국내 수족관에 도입되거나 출생한 뒤 폐사한 돌고래 삼십일 마리 중 이십 마리는 채 삼 년도 살지 못한 채 사망했어요. 삼분의 이에 가까운 돌고래가 삼 년도 버티지 못한 채 각종 질병으로 죽어 간 것이지요.

2011~2020년 사이 돌고래를 보유하고 있던 국내 수족관 8곳의 61개체 중 29개체가 사망한 것으로 계산되었어요. 폐사율이 무려 47.54퍼센트로 전체 돌고래 수의 절반에 가까운 돌고래가 갇힌 상태에서 죽어간 셈입니다.

이는 제가 2020년에 작성한 기사에 포함된 내용입니다. 이 기사 이후 한국 사회에서는 돌고래가 수족관에서 사육하기에 적합한 동물이 아니라는 주장이 힘을 얻기 시작했어요.

돌고래는 애초에 수족관에서 사육해서는 안 된다는 주장도 사회적으로 설득력이 높아졌어요. 야생에서도 수명이 사오십 년에 달하는 돌고래가 대체로 10~20대의 젊은 나이에 죽는 것은 절대로 정상적인 상황일 수 없기 때문입니다.

그런데 제가 해당 기사를 쓴 이후 오 년이 지나는 동안 수족관 돌고래의 안타까운 소식은 끊이지 않고 이어졌습니다. 먼저 2020년 7월에는 울산 남구 장생포 고래 생태 체험관의 돌고래 '고아롱'이 폐사했고, 다음으로 같은 달 20일 한화 아쿠아플라넷 여수의 벨루가(흰고래) 세 마리 중 수컷 '루이'의 폐사 사실이 확인되었습니다.

앞서 언급한 기사에서 육십일 마리 중 이십구 마리가 죽었다고 설명했는데, 고아롱과 루이를 합하면 십 년간 죽어간 수는 삼십일 마리로 절반이 넘습니다.

두 수족관은 이들의 죽음이 급작스러운 것이었다며 부검을 통해 사인을 조사하겠다는 입장을 밝혔어요. 돌고래가 죽어갈 때마다 수족관은 돌고래의 건강을 위해 최선을 다하고 있다는 변명만을 거듭했어요.

이 말이 진실이라 해도 고래류를 수족관에서 키우는 것이 정당하다고 인정되는 것은 아닙니다. 최선을 다해 보살펴도 절반이 죽는 것이 수족관 돌고래의 현실이라는 이야기가 되기 때문이에요.

야생에서 돌고래와 벨루가의 수명은 상황마다 다를 수 있지만, 30~50세에 달한다는 연구 결과가 있는 것을 생각한다면 수족관 사육이 이들의 수명을 크게 단축시킨다는 것을 알 수 있어요.

이후에도 안타까운 소식은 이어졌어요. 특히 2018년 8월, 제주 서귀포의 한 돌고래 체험 업체에서는 마지막 남은 돌고래 '화순이'가 죽으며 돌고래 쇼가 폐지되었습니다. 같은 해 3월에 또 다른 돌고래 '낙원이'가 죽은 지 불과 5개월 만의 일이었어요.

이 업체에서는 2017년 8월부터 2018년 8월까지 일 년 동안 무려 네 마리의 돌고래가 죽었어요. 2017년 8월 28일 '안덕이'를 시작으로 같은 해 9월 24일 '달콩이', 2018년 3월 12일 낙원이에 이어 화순이까지, 짧은 기간 동안 이렇게 많은 돌고래가 죽은 수족관은 한국에서는 이 업체가 처음이었어요.

게다가 이 업체에서 죽은 돌고래는 지난 일 년 동안의 네 마리가 전부가 아니었어요. 이 수족관에는 2009~2015년에 걸쳐 돌고래 여덟 마리가 있었는데 2017~2018년 사이 죽은 네 마리 외에 또 다른 네 마리도 2010년~2015년 사이 폐사했어요.

모두 일본에서 수입된 돌고래로 대부분이 매년 돌고래 학살을 자행하는 것으로 악명이 높은 일본 다이지 마을에서 포획된 뒤 한국으로 온 돌고래들이에요.

일본에서 자행된 돌고래 학살로 포획된 뒤 이 수족관에서 전시용, 공연용, 체험용으로 착취당하다가 죽어서야 노예 신세를 벗어날 수 있었던 거예요.

사실 이 수족관에서 벌어진 잇따른 돌고래의 죽음은 이미 예상할 수 있는 일이기도 했어요. 언젠가 일어날 가능성이 높은 일이면서 방류나 바다 쉼터 이송으로 막을 수 있는 일이었기에 더욱 큰 아쉬움을 남겼지요.

약 5개월 동안 수조에 홀로 남겨졌던 화순이는 혼자 남은 상태에서도 계속 체험 행사에 이용되었어요. 인간처럼 무리를 지어 생활하는 사회적인 동물인 돌고래가 오랜 기간 함께 지내던 동료들이 하나씩 하나씩 사라져간 뒤 극도의 스트레스에 시달렸습니다. 이 상황에서 돌고래가 건강을 유지하길 기대하기 어렵다는 점은 누구나 알 수 있을 거예요. 해양 동물 전문 수의사가 아니라도 말입

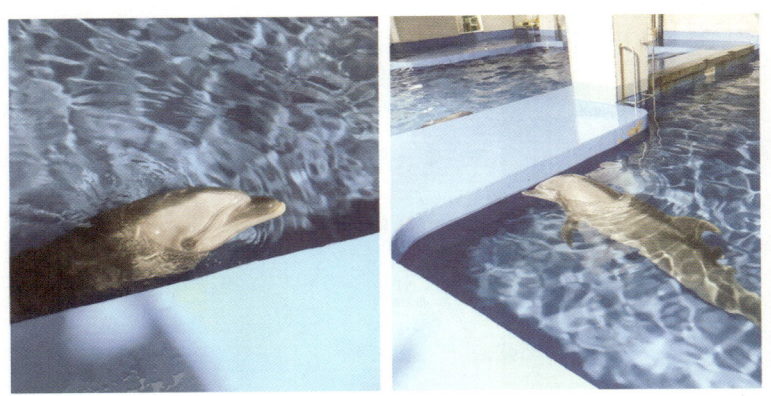

수족관 속 태지

니다.

화순이는 수조 속에서 물 위에 떠서 가만히 있는 모습을 보이기도 했어요. 이는 스트레스를 겪는 수족관 돌고래에게서 흔히 나타나는 이상 행동이에요.

저도 서울 대공원에 마지막까지 남아 있다가 2019년 제주의 한 수족관으로 간 큰돌고래 '태지'가 이런 이상 행동을 하는 것을 목격한 적이 있어요. 태지는 다른 돌고래와 잘 어울리지 못하고 혼자 수조 한구석에서 머리를 내민 채 한참 동안 둥둥 떠 있었습니다.

태지는 2017년 서울 대공원 수조에서 함께 살던 제주 출신 남방큰돌고래 '금등이'와 '대포'가 방류된 뒤 이 년여 동안 혼자 지내면서 심각한 수준의 정형 행동을 보였던 돌고래였어요. 정형 행동은 주로 갇혀 지내면서 극도의 스트레스를 받는 동물이 아무 목적 없이 단순 행동을 지속·반복하는 것을 이야기한다고 앞에서도 말했지요?

태지는 불법적인 거래를 통해 경남 거제의 돌고래 체험 시설로 옮겨졌는데 '대니'라는 새로운 이름을 받고 돌고래 쇼에 동원되었어요. 국내에서 돌고래 쇼를 아직까지도 실시하고 있는 수족관은 이 업체가 유일해요. 대법원은 2025년 3월, 해양 수산부 허가를 받지 않고 큰돌고래 태지와 아랑이를 거래한 것에 대해 위법이라는 판결을 내렸습니다.

또 다른 수족관 역시 '돌고래의 무덤'으로 악명 높은 곳이에요. 2024년에만도 이 수족관에서는 '줄라이'와 '노바'라는 큰돌고래들이 죽었어요.

특히 2024년 2월에 이 수족관에서 사육 중에 죽은 노바는 병에 걸린 뒤에도 약을 투여한 채 돌고래 쇼에 투입되었다는 의혹이 있습니다. 노바의 주둥이 끝에서 상처가 확인됐는데, 죽기 전 수조 내부 시설을 들이받은 탓으로 추정되지요. 스트레스로 인해 수조를 들이받았을 가능성이 있어요. 같은 달 폐사한 줄라이 역시 건강이 좋지 않은 상태임에도 쇼에 동원되었다는 의혹이 있습니다.

또 같은 해 9월에도 이 수족관에서 새끼 돌고래가 사망했어요. 2024년 한 해에만 세 마리가 죽은 거예요. 이 수족관은 기존에 데리고 있던 암수 돌고래를 분리 사육하지 않았고, 그로 인해 새끼 돌고래가 태어난 적 있어요.

2015년부터 2024년 사이 이 수족관에서 죽은 고래류의 수는 열다섯 마리에 이릅니다. 수족관 내 번식으로 태어난 돌고래가 죽은 사례는 이 수족관을 포함해 확인된 것만 10건이죠.

갇힌 동물은 모두 스트레스를 받고 고통을 느낄 거예요. 그중에서도 수족관에 갇힌 해양 포유류, 파충류, 어류의 고통이 가장 크지 않을까요?

동물원에 갇힌 육상 동물도 자신들이 매일 움직이는 범위에 비해 좁은 면적에 갇혀 있지만 돌고래나 벨루가, 고래상어, 바다표범, 바다거북은 상황이 훨씬 심각합니다. 드넓은 바다를 헤엄쳐 다녀야 할 돌고래가 좁은 수조에 갇혀 있다 보면 매우 괴로울 수밖에 없을 거예요. 특히 돌고래는 지능이 매우 높아서 더욱 스트레스가 심합니다.

해양 동물 전문 수의사에 따르면 수족관 돌고래가 쉽게 질병에 걸리는 이유는 좁고, 열악한 환경에서 살고 있는 데다 무리 생활을 하지 못해서 받는 스트레스로 면역 체계가 약해지는 것이 원인일 수 있다고 해요. 태어난 지 얼마 안 된 어린 돌고래가 쉽게 죽는 것도 비슷한 원인 때문일 수 있습니다.

이처럼 수족관 사육 돌고래의 비참한 실태가 알려지면서 정부는 동물원수족관법을 개정해 수족관이 더 이상 새로 돌고래를 도입하지 못하도록, 즉 수입하지 못하도록 금지했다고 앞서 살펴봤지요. 아직 갇혀 있는 고래류가 남아 있긴 하지만 새롭게 고통받을 돌고래는 생기지 않을 거라고 생각하니 조금은 나은 상황이 된 것입니다.

하지만 갇힌 상태에서 큰 고통을 느끼고, 자연적인 수명을 다 누리지 못할 가능성이 높은 동물 모두가 한꺼번에 야생으로 돌아가는 것은 사실 쉽지 않은 일이에요.

섣불리 바다로 돌려보낸 해양 동물이 적응하지 못하고 죽는 일도 발생하고는 해요. 앞서 설명한 남방큰돌고래 금등, 대포도 그런 사례일 수 있어요.

심지어 해외에서는 애니메이션 영화 〈니모를 찾아서〉를 본 어린이가 집에서 기르던 열대어를 바다로 돌려보내겠다며 변기에 넣고 물을 내린 일이 여러 건 발생하기도 했습니다.

즉, 수족관이나 동물원 동물이 불쌍하다고 해서 이들을 아무 준비 없이 야생으로 돌려보내서는 안 됩니다. 갇힌 동물을 계속 사육할지, 야생으로 돌려보낼지는 깊은 고민과 면밀한 검토를 거쳐 결정해야 할 문제예요.

제주에 붉은바다거북이 돌아오게 하려면

2024년 11월 20일, 제주도 동북쪽 조천읍 서우봉 인근 해안에서 바다거북 사체가 한 구 발견됐어요. 바다거북의 머리 부분에는 낚싯줄이 감겨 있었습니다.

푸른바다거북으로 추정되는 이 바다거북의 사체는 이미 며칠이 지난 상태여서 부패가 진행되고 있었어요. 직접적인 죽음의 원인

인지는 알기 어렵지만 낚싯줄 같은 버려진 도구 때문에 죽음을 맞았을 가능성이 크답니다.

안타깝게 죽음을 맞은 이 바다거북은 사실 한국 바다 곳곳에서 일어나고 있는 비극 중 일부일 뿐이에요. 제주도를 포함해서 한국 바닷가에서는 매년 많은 바다거북 사체가 발견되고 있어요. 특히 해수 온도가 높은 편인 제주에서는 해마다 삼십 마리 안팎의 바다거북 사체가 발견되고 있습니다.

저는 2018년 4월 17일, 충남 서천 국립 생태원의 동물병원 부검실에서 국내 최초의 과학적 바다거북 부검 연구 현장을 취재한 적이 있어요.

부검실 안에 냉동 상태였던 바다거북 사체는 지독한 악취를 풍기고 있었어요. 그날 부검한 모든 바다거북에게서는 플라스틱 등 다양한 쓰레기가 쏟아져 나왔어요. 비닐, 철사, 코르크 같은 것도 나왔고요. 바다거북이 소화할 수 없는 폐기물이 장기 안에 그대로 들어 있던 거예요.

어떤 바다거북의 소화 기관에서는 글자가 잔뜩 적힌 딱딱한 비닐 재질의 쓰레기도 나왔어요. 들여다보니, 북한 정권을 원색적으로 비난하는 내용이 적혀 있었어요. 북한과의 접경 지역에서 일부 단체가 북한으로 보내는 비닐 전단, 일명 '삐라'였습니다. 바다거북과는 아무 관련도 없는 인간들의 이념 충돌이 한 생명을 죽음으로 몰고 간 것입니다.

아주 드물긴 하지만, 아직 죽기 전에 구조되는 바다거북도 있어요. 2024년 10월에는 제주 서귀포 해안에서 몸이 그물에 감긴 바다거북이 발견되어서 해양 경찰이 구조하기도 했습니다. 당시 구조된 바다거북은 붉은바다거북으로 보였어요. 같은 해 9월에도 제주 구좌읍에서 푸른바다거북이 구조된 적이 있어요.

바다거북은 아니지만, 인천 옹진군 백령도에서는 멸종 위기종인 점박이물범이 버려진 그물에 걸려 죽을 뻔했다가 가까스로 살아나기도 했어요. 한 어선 선장이 백령도 연안을 지나던 중에 암초 위에서 그물에 걸린 채 꼼짝도 못 하는 모습을 발견한 덕분이에요. 운 좋게 사람의 눈에 띄지 않았더라면 그 점박이물범은 살아남기 힘들었을 것입니다. 점박이물범은 해양 포유류이기 때문에 물 속에서 헤엄을 치다가도 주기적으로 물 밖으로 나와서 숨을 쉬어야 하거든요.

우리나라 바닷가에는 모두 5종의 바다거북이 살고 있어요. 붉은바다거북, 푸른바다거북, 장수거북, 매부리바다거북, 올리브바다거북이에요.

이 중 붉은바다거북은 2007년 마지막으로 산란하는 모습이 확인된 이후로 더는 제주 연안에서 알을 낳지 않고 있습니다. 제주 바다가 버려진 낚시 도구와 쓰레기로 오염되고, 산란하기 적합한 지역이 관광지로 개발되면서 더 이상 제주를 찾지 않게 된 걸지도 몰라요.

이렇게 제주 바다를 떠난 붉은바다거북이 다시 되돌아와 산란하게 하려면 어떤 노력이 필요할까요?

문제를 해결할 열쇠는 아주 작은 배려에서 시작될 수 있습니다. 전문가들은 붉은바다거북이 싫어하는 푸른색 불빛을 없애는 것만으로도 붉은바다거북이 돌아오는 계기가 될 수 있다고 말해요.

붉은바다거북이 해안에서 산란하는 모습은 1998년 제주 중문에서 처음 목격되었습니다. 그 이후 2007년까지 중문에서 총 네 번 산란한 것이 확인됐어요.

하지만 바다거북은 자기가 태어난 모래 해안을 정확하게 기억하고 다시 찾아오는 습성이 있음에도, 2025년까지 십팔 년째 돌아오지 않고 있어요. 환경 단체는 제주 해안이 무분별한 개발로 인해 바다거북이 다시 오기 어려운 환경으로 바뀌었다고 보고 있어요.

일본에서 바다거북 보호 활동을 하는 전문가들은 제주도 해수욕장 근처 호텔에서 설치한 탐방로의 푸른색 야간 조명 색깔을 바꿔야 한다고 말합니다. 지금 제주 서귀포의 중문 해수욕장 근처 탐방로에는 푸른 조명이 촘촘히 설치되어 있지요.

일본 바다거북 협의회와 해양 생물 연구회는 규슈와 오키나와 사이에 위치한 아마미오섬에서 불빛이 바다거북에게 영향을 미치는지 실험을 했는데요. 그 결과 붉은바다거북은 푸른색 불빛을 싫어하지만 빨간색 불빛에는 별다른 반응을 보이지 않았다고 합니다. 붉은바다거북 새끼들이 불빛 때문에 방향을 잃고 바다로 가지 못하는 모습도 확인됐다고 해요. 해안에 상륙해 산란하고 돌아가는 붉은바다거북에게 야간 조명이 정말 큰 방해가 되는 셈이지요.

일본 전문가들은 바다거북이 밤에만 해안에 올라온다는 특성을 고려해서 호텔 투숙객들에게 야간에는 커튼을 치도록 안내하고, 관광객이나 서퍼에게는 심야 시간 바닷가 출입을 자제하자는 캠페인을 벌이는 것도 좋은 방법이라고 조언합니다. 아마미오섬에서는 주민들이 바다거북 보호를 위해 '바다거북을 만지지 않는다' 같은 규칙을 정해서 실천하고 있어요.

바다거북이 되돌아오게 하려면 여러분과 같은 청소년의 참여와 관심이 꼭 필요해요. 일본에서도 바다거북 서식지 보호 초기에 초등학생, 중학생의 참여가 아주 큰 힘이 되었거든요.

일본 도쿠시마현에서는 1954년부터 바다거북 산란을 관찰하고 있습니다. 그 기록은 세계적으로도 가장 오래된 관찰 사례라고 해요. 제주를 포함해 한국에서도 바다거북을 보호하고 살피는 활동이 활발히 이어지기를 바랍니다. 특히 어린이와 청소년의 적극적인 참여로 말이에요.

이 책을 끝까지 읽고 나면 반려동물을 키우고 싶다고 생각하게 될 수도 있어요. 동물 복지나 동물권이라는 개념, 갇혀 사는 동물의 고통에 대해 알게 된 것과 별개로 동물에 호기심과 관심을 가지는 것은 매우 자연스러운 현상입니다.

하지만 그 생각을 실천에 옮길 때는 앞서도 설명한 것처럼 깊은 고민이 필요해요. 동물을 책임질 수 있을까, 행복하게 살도록 보살필 수 있을까 등 미리 생각해야 하는 일이 한두 가지가 아닙니다. 가족과 상의를 하는 것 역시 필수겠지요.

이런 고민에 대한 답이 모두 '그렇다'로 결론이 난 뒤에도 매우 중요한 선택이 남았습니다. 바로 반려동물을 어디서 입양할 것인지를 골라야 합니다. 가장 손쉬운 방법은 집에서 가까운 펫 숍에 가서 돈을 내고 동물을 사는 것입니다.

하지만 펫 숍에서 판매 중인 동물이 어떤 과정을 거쳐 진열대에 놓였는지를 아는 사람은 펫 숍을 선택하지 않을 것입니다. 불법 번식장에서 기르던 동물일 가능성이 높으니까요.

또 일부 몰지각한 펫 숍의 경우 개나 고양이가 작고 귀여운 모습을 오래 유지하도록 먹이나 물을 적게 주는 경우도 많다고 해요. 동물 보호 단체로부터 펫 숍에 대한 비판이 끊이지 않는 이유입니다.

동물 복지 분야에선 선진국으로 꼽히는 영국은 2018년 펫 숍에서 6개월 미만의 강아지나 새끼 고양이를 판매하는 것을 금지하는 내용의 '루시법Lucy's Law'을 제정했습니다. 강아지나 새끼 고양이는 전문 사육자나 유기 동물 보호소를 통해서 입양이 가능합니다.

'루시'는 2013년 영국의 한 번식장에서 구조된 스패니얼 견종의 개인데, 구조됐을 때 육 년간 반복된 출산으로 건강이 많이 상한 상태였습니다. 결국 구조된 지 18개월 만에 세상을 떠났지요. 루시의 이야기가 널리 알려지면서 개 번식장을 규제해야 한다는 여론이 들끓었고, 이는 루시법 제정으로 이어졌습니다.

이 책을 읽으면서 동물에 대한 지식을 쌓은 여러분 중에는 동물 보호 센터에 가서 안락사 우려가 높은 동물을 입양하겠다는 속 깊은 생각을 한 사람도 있겠지요? 하지만 이 경우에도 깊은 고민이 필요합니다.

특히 동물 보호 센터에 있는 동물은 건강 상태가 좋지 않거나 사람에 대한 공격성을 보일 수 있다는 점을 반드시 고려해야 합니다. 무엇보다 반려동물을 기르면서 자신과 가족 그리고 동물이 행복해질 수 있을지를 꼼꼼히 따지는 것이 가장 중요합니다.

고민을 마친 결과가 도저히 새로운 가족으로서 반려동물을 맞이할 준비가 되지 않았다고 해도 실망할 필요는 전혀 없어요. '기르지 않는 것도 동물을 사랑하고 보호하는 방법 중 하나'라는 것, 잊지 않았지요?

집에서 기르지는 않지만 동물을 위한 봉사 활동을 한다거나 반려동물, 야생 동물, 실험동물, 농장 동물과 관련한 사회적 이슈에 올바른 목소리를 보태는 것도 더없이 훌륭한 동물을 사랑하는 방식이지요.

이 글을 쓰는 저도 개나 고양이를 기르고 싶은 마음이 무척 큽니다. 하지만 아직은 동물을 기르는 것이 무리라는 판단을 내리고 여건이 달라질 때를 기다리고 있어요. '언젠가는 동물 보호 센터에서 데려온 개나 고양이를 기를 수 있는 날이 오겠지'라고 생각하면서 다양한 동물의 삶이 조금이라도 나아지는 데 보탬이 될 수 있는 글을 쓰고 있습니다. 이것 역시 동물을 사랑하는 방법이라고 여기면서요. 저 나름의 동물을 사랑하는 방법인 셈이지요.

여러분이 동물을 아끼고 사랑하는 방법을 찾아내는 데 이 책이 도움이 되었기를 바랍니다.

참고 문헌

단행본

가타노 유카, 『이렇게 귀여운 동물을 왜 죽여야 하는 거죠?』, 책읽는수요일, 2014.

김기범, 『독수리는 왜 까지에게 쫓겨다닐까?』, 자음과모음, 2014.

마리아 미스·반다나 시바, 『에코페미니즘』, 창비, 2020.

수 도널드슨·윌 킴리카, 『주폴리스: 동물 권리를 위한 정치 이론』, 프레스탁, 2024.

Peter Singer, *Animal Liberation*, The Bodley Head Ltd, 2015(1975).

Tom Regan, *The Case for Animal Rights*, University of California Press, 1983(2004).

논문

전채은, 「소와 돼지 도축장의 동물복지평가 연구」, 건국대 수의과대학 박사학위 논문, 2025.

천명선 외, 「전국 동물이용축제 동물복지 현황 조사 보고」, 서울대학교 수의과대학, 2017.

Ceballos, G. et al., "Biological annihilation via the ongoing sixth mass extinction signaled by vertebrate population losses and declines", Proceedings of the National Academy of Sciences, 2017.

L.U. Sneddon et al., "The evidence for pain in fish: the use of morphine as an analgesic", Applied Animal Behaviour Science, 2003.

Louppe, V. et al., "Current and future climatic regions favourable for a globally introduced wild carnivore, the raccoon Procyon lotor", Scientific Reports, 2019.

Penn, J. et al., "Abrupt global warming caused end-Permian mass extinction", Science, 2018.

보고서 및 기사

동물복지문제연구소 어웨어, 「2021 동물복지 정책 개선 방향에 대한 국민 인식 조사: 제3권 어류 복지에 대한 국민 인식 조사」, 2021. 11.

김기범, 「'자연 복원의 희망' 전한 재두루미 '2A9'······22년의 여정 끝내다」, 경향신문, 2023. 1. 3. https://www.khan.co.kr/article/202301031653001

António Guterres, "Secretary-General's remarks to Stockholm+50 international meeting", 2022.6.2.
https://www.un.org/sg/en/content/sg/speeches/2022-06-02/secretary-generals-remarks-stockholm50-international-meeting%C2%A0?utm_source=chatgpt.com

Shutterstock 18쪽 34쪽 38쪽 40쪽 50쪽 56쪽
Wikimedia 89쪽 94쪽 98쪽

김기범 29쪽 65쪽 70쪽 72쪽 79쪽 80쪽 109쪽 111쪽 144쪽 146쪽 148쪽 149쪽 190쪽 194쪽
도연 스님 156쪽 161쪽 180쪽
환경부 국립생물자원관 100쪽

내일도 돌고래를 볼 수 있을까?

© 김기범, 2025

초판 1쇄 인쇄일 | 2025년 9월 26일
초판 1쇄 발행일 | 2025년 10월 13일

지은이 | 김기범
펴낸이 | 정은영
편 집 | 우소연 유지서 장새롬
마케팅 | 최금순 이언영 연병선
저작권 | 신은혜
제 작 | 홍동근

펴낸곳 | (주)자음과모음
출판등록 | 2001년 11월 28일 제2001-000259호
주 소 | 10881 경기도 파주시 회동길 325-20
전 화 | 편집부 (02)324-2347, 경영지원부 (02)325-6047
팩 스 | 편집부 (02)324-2348, 경영지원부 (02)2648-1311
이메일 | jamoteen@jamobook.com

ISBN 978-89-544-7304-0 (44080)
      978-89-544-3135-4 (SET)